香海文化

挺胸的意味

星雲法語 9 利他

星雲大師 著

星雲法語

目錄 第9冊 挺胸的意味——利他

卷二 處眾

卷三 認知世間

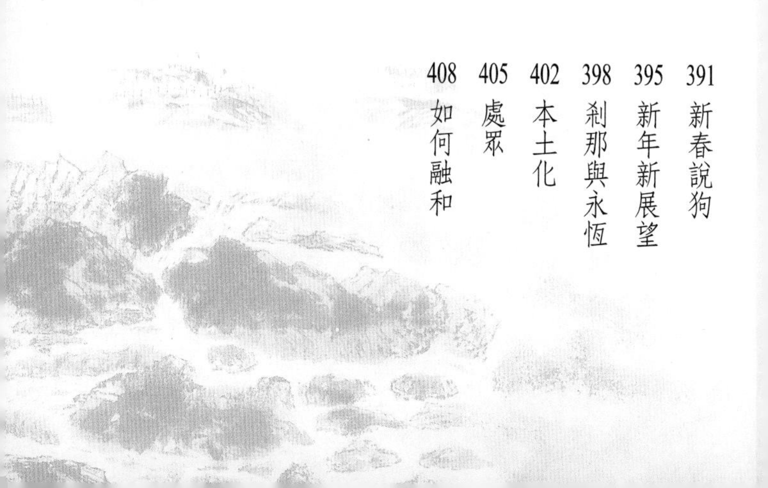

總序

十把鑰匙

星雲

「星雲法語」是我在台灣電視、中國電視、中華電視三十年前的「三台時代」，為這三家電視台所錄影的節目。後來在《人間福報》我繼「迷悟之間」專欄之後，把當初在三台講述的內容，再加以增補整理，也整整以三年的時間，在《人間福報》平面媒體與讀者見面。

因為我經年累月雲水行腳，在各國的佛光會弘法、講說，斷斷續續撰寫「星雲法語」，偶有重複，已不復完全記憶。好在我的書記室弟子們，如：滿義、滿觀、妙廣、妙有、如超等俄而提醒我，《人間福報》的存稿快要告罄了，由於我每天都能撰寫十幾則，因此，只要給我三、五天的時間，我就可以再供應他們二、三個月了。

像這類的短文，是我應大家的需要在各大報刊、雜誌上刊登，以及我為徒弟編印的一些講義，累積的總數，已不下二千萬字了。「星雲法語」，應該說是與「迷悟之間」、「人間萬事」同一性質的短文，都因《人間福報》而撰寫。承蒙讀者鼓勵，不少人希望結集成書，香海文化執行長蔡孟樺小姐將這些文章收錄編輯，文字也近百餘萬言，共有十集，分別為：一、精進；二、正信；三、廣學；四、智慧；五、自覺；六、正見；七、真理；八、禪心；九、利他；十、慈悲。

這套書在《人間福報》發表的時候，每篇以四點、六點，甚至八點闡述各種意見，便於記憶，也便於講說，有學校取之作為教材。尤其我的弟子、學生在各處弘法，用它做為講義，都說是得心應手。

承蒙民視電視台也曾經邀我再比照法語的體裁，為他們多次錄影，並且要給我酬勞。其實，只要有關弘法度眾，我都樂於結緣，所以與台灣的四家無線電視台都有因緣關係。而究竟「星雲法語」有多大的影響力，就非我所敢聞問了。

「迷悟之間」除了香海文化將它印行單行本之外，後來又在北京發行簡體字版，「人間萬事」則尚在《人間福報》發表中。現在「星雲法語」即將發行出版全集，略述因緣如上。

承蒙知名學者李家同教授、洪蘭教授、台中胡志強市長、大塊集團郝明義董事長，以及善女人辜懷箴居士，為此套書寫序，一併在此致謝。

是為序。

二〇〇七年九月一日 於佛光山開山寮

推薦序一

宗教情懷滿人間

李家同

星雲大師的最新著作《星雲法語》十冊套書，香海文化把部分的文稿寄給我，邀我為序。八月溽暑期間，我自身事務有些忙碌；但讀著文稿裡星雲大師的話，卻能感覺到歡喜清涼。

《星雲法語》裡面有一篇我很喜歡。

要有開闊包容的心胸、要有服務度生的悲願、要有德學兼具的才華、要有涵養謙讓的美德。——〈現代青年〉

多年來我從事教育工作，希望走出狹義的菁英校園空間，真正幫忙各階層弱勢學生。看著莘莘學子，我想我和星雲大師的想法很接近吧，就是教育一定要在每個角落中落實，要讓最弱勢的學生，能個個感受到不被忽略、不受到城鄉資源差別待遇。

青年教育的目的，不就是教育工作者，希望能教養學生，成為氣度恢弘的國民？

為勉勵青年，星雲大師寫下「青年有強健的體魄，應該發心多做事，多學習，時時刻刻志在服務大眾，念在普度眾生，願在普濟社會。」

星雲大師的話，讓我想起聖經裡的金句。

「有了信心，又要加上德行；有了德行，又要加上知識；有了知識，又要加上節制；有了節制，又要加上忍耐；有了忍耐，又要加上虔敬；有了虔敬，又要加上愛弟兄的心；有了愛弟兄的心，又要加上愛眾人的心。」──〈彼得後書‧第一章〉

宗教情懷，就是超越一切的普濟精神。人間的苦難，如果宗教精神無以救濟，那麼信仰宗教毫無意義。不論是佛陀精神，或是基督精神，以慈愛的心處世，我想原則上沒有什麼不同。尤其是青年人，更應細細體會助人愛人的真諦，在未來三十、五十年，起著社會中堅的作用。這樣，我們現在辦的教育，才真正能教養出「德學兼具」的青年，讓良善能延續，社會上充滿不汲汲於名利，助人愛人的和諧氣氛。

香海文化即將出版的《星雲法語》，收錄了精采法語共計一〇八〇篇，每一篇均意味深長，適合所有人用以省視自己，展望未來。「現代修行風」不分基督佛陀，親切的聖人教誨，相信普羅大眾都很容易心領神會。

如今出版在即，特為之序。

（本文作者為國立暨南大學教授）

推薦序二

安心與開心

洪蘭

在亂世，宗教是人心靈的慰藉，原有的社會制度瓦解了，一切都無法制、無規章，人民有冤無處伸，只有訴諸神明，歸諸天意，以求得心理的平衡。所以在東晉南北朝時，宗教盛行，士大夫清談，把希望寄托在另一個世界。歷史證明那是不對的，這是一種逃避，它的結果是亡國，智者知道對現實的不滿應該從改正不當措施做起，眾志可以成城，人應該積極去面對生命而不是消極去寄望來生。星雲大師就是一個積極入世的大師，他在國內外興學，風塵僕僕到處弘法，用他的智慧來開導世人，他鼓勵信徒從自身做起，莫以善小而不為，當每個人都變好時，這個社會自然就好了。這本書就是星雲大師的話語集結成冊，印出來嘉惠世人。

人在受挫折，有煩惱時，常自問：人生有什麼意義，活著幹什麼？大師說，人生的意義在創造互惠共生的機會，這個世界有因你存在而與過去不同嗎？科學家特別注重創造，就是因為創造是沒有你就沒有這個東西，沒有莫札特就沒有莫札特的音樂，沒有畢加索，就沒有畢加索的畫，創造比發現、發明的層次高了很多，人到這個世界上就是要創造一個雙贏的局面，不但為己，也要為人。英文諺語有一句：Success is when you add the value to yourself. Significance is when you add the value to others. 只有對別人也有利時，你的成功才是成功。所以大師說，生命在事業中，不在歲月上；在思想中，不在氣息上；在感覺中，不在時間上；在內涵中，不在表相上。這是我所看到談生命的意義最透徹的一句話。

挫折和災難常被當作上天的懲罰，是命運的錯誤；其實挫折和災難本來就是人生的一部分，不經過挫折我們不會珍惜平順的日子，沒有災難不會珍惜生命。人是動物，是大自然中的一分子，不管怎麼聰明、有智慧，還是必須遵行自然界的法則，所以有生必有死，完全沒有例外，但是人常常參不透這個道理，歷史上秦始皇、漢武帝這種雄才大略的人也看不到這點，所以為了求長生不老，倒行逆施，壞了國家的根基，反而是修身養性的讀書人看穿了這點。宋、李清照說「今手澤如新而墓木已拱，乃知有有必有無，有聚必有散，亦理之常，又胡足道」。看透這點，一個人的人生會不一樣，既然帶不走，就不必去收集，應該想辦法去用有限的生命去做出無限的功業。

一個入世的宗教，它給予人希望，知道從自身做起，不去計較別人做了什麼，只要有做，世界就會改變。最近有法師用整理回收物的方式帶信徒修行，他不要信徒捐獻金錢，但要他們捐獻時間去回收站作義工，從行動中修行。我看了這個報導真是非常高興，因為研究者發現動作會引發大腦中多巴胺（dopamine）這個神經傳導物質的分泌，而多巴胺跟正向情緒有關，運動完的人心情都很好，一個跳舞的人即使在初跳時，臉是繃著的，跳到最後臉一定是笑的。所以星雲大師勸信徒，從動手實做中去修行是最有效的修行，對自己對

馮儀繪（局部）

社會都有益。

在本書中，大師說生活要求安心，心安才能體會人生的美妙，才聽得到鳥語、聞得到花香，所以修行第一要做到心安，既然人是群居的動物，必須要和別人往來，因此大師教導我們做人的道理，列舉了人生必備的十把鑰匙，書的最後兩冊是要大家打開心胸，利他與慈悲，與一句英諺：you can give without loving, you can never love without give. 相呼應。不論古今中外，智者都看到施比受更有福。

希望這套書能在目前的亂世中為大家浮躁的心靈注入一股清泉，人生只要心安，利人利己的過生活，在家出家都一樣在積功德了。

（本文作者為國立陽明大學神經科學研究所教授）

推薦序三

法鑰匙神奇的佛

星雲大師，是我一直非常尊敬與佩服的長者。

長久以來，星雲大師所領導主持的佛光山寺與國際佛光會，聞聲救苦，無遠弗屆，為全球華人帶來無盡的希望與愛。

大師的慈悲智慧與宗教情懷，讓許多人在徬徨無依時，找到心靈的依歸。另一方面，我覺得大師瀟灑豁達、博學多聞，無論是或不是佛教徒，都能從他的思想與觀念上，獲得啟迪。

星雲大師近期即將出版的《星雲法語》，收錄了大師一〇八〇篇的法語，字字珠璣，篇篇雋永。

我很喜歡這套書以「現代佛法修行風」為訴求，結合佛法與現代人的生活，深入淺出地闡釋。尤其富創意的是，以十冊「法語」打造了十把「佛法鑰匙」，打開讀者心靈的大門，帶領我們從不一樣的角度，去發現與體會生活中的點點滴滴。

以〈旅遊的意義〉這篇文章為例：

「……就像到美國玩過，美國即在我心裡；到過歐洲渡假，歐洲也在我心裡，遊歷的地區愈豐富，就愈能開闊我們的心靈視野。

當我們從事旅遊活動時，除了得到身心的舒解，心情的愉悅之外，還要進一步獲得寶貴的知識。除了外在的景點外，還可以增加一些內涵，做一趟歷史文化探索之旅，看出文化的價值，看出歷史的意義。

比方這個建築是三千年前，它歷經什麼樣的朝代，對這些歷史文化能進一步賞析後，那我們的生命就跟它連接了。……」

「我們的生命就跟它連接了」這句話，讓我印象十分深刻，生動描述了「讀萬卷書，行萬里路」，正是一種跨越時空的心靈宴饗。

在〈快樂的生活〉一文中，大師指點迷津。他說：

「名和利，得者怕失落，失者勤追求，真是心上一塊石頭，患得患失，耿耿於懷，生活怎麼能自在？」

因此「身心要能健康，名利要能放下，是非要能明白，人我要能融和。」

在〈歡喜滿人間〉這篇文章，大師指出：

人有很多心理的毛病，例如憂愁、悲苦、傷心、失意等。佛經形容人身難得如「盲龜浮木」，一個人在世間上一年一年的過去，如果活得不歡喜，沒有意義，那又有什麼意思？如何過得歡喜、過得有意義？

他提出幾點建議：「要本著歡喜心做事、要本著歡喜心做人、要本著歡喜心處境、要本著歡喜心用心、要本著歡喜心利世、要本著歡喜心修行。」

看到此處，我除了一邊檢視自己在日常生活中做到了多少？另方面，也希望把「歡喜心」的觀念告訴市府同仁，期許大家在服務市民時認真盡責之外，還能讓民眾體會到我們由衷而發的「歡喜心」。

而〈傳家之寶〉一篇中所提到的觀點，也讓為人父母者心有戚戚焉。

大師說：一般父母，總想留下房屋田產、金銀財富、奇珍寶物給子女，當作是傳家之寶；但是也有人不留財物，而留書籍給予子女，或是著作「家法」、「庭訓」，作為家風相傳的依據。乃至禪門也有謂「衣缽相傳」，以傳衣缽，作為叢林師徒道風相傳的象徵。

他認為「傳家之寶」有幾種：包括寶物、道德、善念與信仰。到了現代，書香、善念、道德、信仰更可以代替錢財的傳承，把宗教信仰傳承給子弟，把善念道德傳給兒孫，把教育知識傳給後代。

「人不能沒有信仰，沒有信仰，心中就沒有力量。信仰宗教，如天主教、基督教、佛教等等，固然可以選擇，但信仰也不一定指宗教而已，像政治上，你歡喜那一個黨、那一個派、那一種主義，這也是一種信仰；甚至在學校念書，選擇那一門功課，只要對它歡喜，這就是一種信仰。有信仰，就有力量，有信仰，就會投入。能選擇一個好的宗教、好的信仰，有益身心，開發正確的觀念，就可以傳家。」

細細咀嚼之後，意味深長，心領神會。

星雲大師一千多篇的好文章，深刻而耐人尋味，我在此只能舉出其中幾個例子。很感謝大師慷慨分享他的智慧結晶，讓芸芸眾生也有幸獲得他的「傳家之寶」。

在繁忙的生活中，每天只要閱讀幾篇，頓時情緒穩定、思考清明、心靈澄靜。有這樣的好書為伴，真的「日日是好日」！

（本文作者為台中市市長）

推薦序四

佛法與生活及工作結合時

郝明義

對我而言，佛法中很重要的一塊是教我們如何對境練心。換句話說，也就是在生活與工作中修行。

生活與工作，無非大事小事的麻煩此起彼落；無非此人彼人的煩惱相繼而至。所謂對境練心，在生活中修行，就是我們如何調整自己面對這些麻煩事情、煩惱人事的心態、習慣與方法。

在沒有接觸佛法的過去，我憑以面對這些事情與人物的工具，不過是如何借由理性與意志力，來控制自己的脾氣與心情。但光是借由理性與意志力來控制，畢竟是有可及之時，也有不可及之時。敗多成少固然是問題，成敗之間的得失難以判斷，依循規則也難以歸納，則更是令人深感挫折。

但是接觸佛法，尤甚以六祖註解的《金剛經》為我的修行依歸之後，雖然所知十分淺薄，但是光對境練心的這一點認知，已經讓我受益匪淺，知道了如何從根本調整自己在生活中面對煩惱的心態、習慣與方法。

譬如說，以一個出版者而言，這個行業的特質，尤其讓我覺得應用佛法別有心得。和其他行業不同，出版工作永遠要同時面對過去、現在、未來三個課題。今天新出版的書裡怎麼創造些暢銷書，這是要持續注意「現在」的課題；今天就要和作者討論幾個月甚至幾年後出版的書籍寫作內容，預作準備，這是要持續注意「未來」的課題；每一個出版社都要重視自己過去出版的書籍，注意如何讓過去已經出版的書可以持續再版，這是要持續注意「過去」的課題。這種工作中隨時要同時注意「過去」、「現在」、「未來」三種課題的需要，讓我特別體會到佛法可以對我所有的啟發與指引。

又譬如說，六祖的口訣「覺諸相空，心中無念。念起即覺，覺之即無」，讓我體會到其中的「念起即覺，覺之即無」正是「應無所住而生其心」的旁註，可以隨時應用在任何事情，讓自己恢復或保持清淨之心──哪怕是在最繁雜與忙亂的工作中。

雖然因為自己習氣深重，仍然有大量情況是「念起不覺」，來不及調整心態，注意不到要調整習慣，不適應應該採取的方法，而一再讓煩惱所趁，重蹈覆轍，但是畢竟我知道方法是的確在那裡的，只是自己不才，不夠努力而已。固然仍然是敗多成少，但畢竟可以看到比例逐漸有所改善。路途雖然十分遙遠，但是畢竟在跌跌撞撞中感受到自己在走路了。

一個黑戶佛教徒對佛法的心得，重點如此。

《星雲法語》中有著許多在生活與工作中的修行例證。希望閱讀《星雲法語》的讀者，從這本書裡也能得到在生活中修行的啟發與指引。

（本文作者為大塊出版集團董事長）

推薦序五

人生的智慧和導航

我一直感恩自己能有這個福報，多年來能跟隨在大師的身邊，學習做人和學習佛法。每一次留在大師身邊的日子裡，都可以接觸到許多感動的心，和感動的事；每一次都會讓我感覺到，這個世界真的是非常的可愛。

大師說：他的一生就是為了佛教。這麼多年來，大師就這樣循循的督促著自己，為此，馬不停蹄的一直在和時間做競跑。大師的一生，一向稟持著一個慈悲佈施、以無為有的胸懷，做大的人，做大的事。如果想要問大師會不會和我們一樣斤斤計較？我想他唯一真正認真計較的事，就是，對每一天的每一分和每一秒吧！

在大師的一生裡，大師從來不允許自己浪費任何一分一秒的時間；無論是在跑香、乘車、開會、會客或者進餐；大師永遠都是人在動，心在想，手在做，眼觀四方，耳聽八方，把一分鐘當十分鐘用；在高效率中不失細膩，細膩中不失大局，大局中不失周全；周全裡，充滿了的是大師對每一個人無微不至的關懷和體貼。

大師自從出家以來，只要是為了弘法，大師從來不會顧及自己的健康和辛苦，數十年如一日，南奔北走，不辭辛勞的到處為信徒開釋演講；只要有多餘的時間，大師就會爭取用來執筆寫稿；年輕時也曾經為了答應送一篇文稿給出版社，連夜乘坐火車，由南到北。大師從年輕就非常重視文化事業，大師也堅信用文字來度眾生的重要。大師一生不但一諾千金，獨具宏觀，不畏辛苦，忍辱負重；在佛教界樹立了優良的榜樣，對現代佛教文化事業得以如此的發達，具有相當肯定的影響力。到目前為止，大師出版的中英文書籍，已經不下數百本。

記得在六十年代的時候，大師鑒於電視弘法不可忽視的力量，即刻決定

歸去歸去江上一犂春雨 昔隨蔡原師返鄉自杭州坐船至淳安 浙徽兩省
交界處山勢漸陡兩山林青翠 江水悠悠 夏秋之際 甚有春意 庚辰侯吉諒憶寫

侯吉諒繪

要自己出資，到電視公司錄製作八點檔的「星雲法語」；使成為台灣第一個在電視弘法的節目。我記得大師的「星雲法語」，是在每天晚間新聞之後立即播出，播出的時間是五分鐘，節目的製作，即「精」又「簡」；節目當中，配合著簡單明瞭的字幕，聽大師不急不緩的縷縷道來；讓觀眾耳目一新，身心受益。

這個節目播出之後，立即受到廣大觀眾的喜愛和迴響。大師告訴我，在節目播出不久之後，由於收視率很好，電視公司自動願意出資，替大師製作節目；大師從此不但有了收入，也因此多了一個電視名主持人的頭銜。這個「星雲法語」的電視節目，也就是今天所出版的《星雲法語》的前身。

佛光山香海文化公司，精心收集了一千零八十篇的《星雲法語》，即將出版。這一條佛法的清流，是多年來星雲大師為了這個時代人心靈的須求，集思巧妙的運用生活的佛教方式，傳授給我們無邊的法寶。每一篇，每一個法語，星雲大師都透過對微細生活之間的體認，融合了大師在佛法上精深的修行智慧。深入淺出的詮釋，高明的把佛法當中的精要，很自然的交織在生活的細緻之間，用生活的話，明白的說出現代佛法的修行風範，讓讀者有如沐浴在法語春風之中的感覺，很自然的呼吸著森林裡散發出來的清香，在每一個心田裡默默的深耕著。等待成長和收割的喜悅，和著太陽和風，是指日可待的。

今承蒙香海文化公司的垂愛，賜我機會為《星雲法語》套書做序，讓我實在汗顏；幾經推辭，又因香海文化公司的盛情難卻，只有大膽承擔，還請各位前輩、先學指正。我在此恭祝所有《星雲法語》的讀者，法喜充滿。

（本文作者為國際佛光會世界總會理事）

卷一 政治人的胸懷

人生無論成就事業、
做人處世都要平實，
不做虛空之事，
才會成功平安。

價值觀

人，必須時刻反躬自省，才能進德修業；耳中能常聞逆耳之言，心中常有拂心之事，也是進德的砥石。此外，建立正確的人生觀與價值觀，也是進德之道。人應該建立什麼樣的價值觀呢？有四點看法：

第一、無財非貧，無學為貧：有的人覺得自己沒有錢，自己很貧窮。其實，沒有錢財不算貧窮，不學無術才是真正的貧窮。一個人沒有知識、沒有學問、沒有技能，將來如何謀生？即使祖先遺留再多的家產，也總有坐吃山空的一天。再說，自己沒有一點學養、內涵，這種精神上的貧乏，才是真正的貧窮。所以過去說「萬貫家財，不及一技隨身」，自己有智慧、有學問，才是重要！

第二、無位非賤，無恥為賤：「位高權重」，說話可以呼風喚雨，這是多少人所嚮往，多少人因此每天汲汲於功名利祿的營求。其實，沒有當官、沒有地位，並非卑賤，無恥才是賤。有的人雖然身居高位，但因為是用不正當的手段賄選、買票而當選，如此縱使有了官位，也是給人瞧不起。所以人格的貴賤，不是看表面上的地位高低，而是看他能否知廉恥、有慚愧心，懂得崇廉尚義，才是人格最大的尊嚴。

第三、無壽非夭，無志為夭：老人不是年齡，而是心境；人的壽命長短也不在歲月，而在有志無志。有的人年紀輕輕就去世，人家就說這是夭亡，是短命鬼。其實，短命不怕，歷史上一些有聲望的人，他們在世上的壽命並不長，卻留給後人無限的懷念。例如，對台灣最有貢獻的鄭成功活了三十八歲、精忠報國的岳飛三十九歲、基督教的耶穌三十三歲半、孔子

高永隆繪

門下第一賢者顏回是三十五歲、佛門中有名的《肇論》作者僧肇是三十二歲、亞歷山大是三十三歲。一個人的功業並非靠年歲所成就，有志不在年高；在世間上的壽命多久並不重要，重要的在於精神上的壽命，所以人要立志。

第四、無子非孤，無德為孤：「養兒防老」這是中國人過去根深柢固的觀念。其實，養兒不見得能防老，積德才能防老。我們看社會上，有的人兒女成群，但因子孫不孝，老來孤苦無依者有之；有的人雖然無兒無女，但是他到處行善，照顧孤苦，他把天下人當成是自己的兒女，他就擁有天下人為兒女。所以，沒有兒女不要緊，就怕沒有道德，所謂「人有德，必有芳鄰」，有德的人，自然不會孤獨。

人要建立正確的價值觀，人生才會活得豐富，活得充實。如何建立正確的「價值觀」，有四點看法：

第一、無財非貧，無學為貧。

第二、無位非賤，無恥為賤。

第三、無壽非夭，無志為夭。

第四、無子非孤，無德為孤。

健全的思想

人，最奇妙的就是有思想。個人有個人的思想，有健全的，也有不健全的，人人不一樣。要創造事業，要有健全的思想；要立身處世，甚至持家治國，都要有健全的思想才能成功。什麼是健全的思想？提供以下四點意見：

第一、沒有地域觀念的分別：現在是「無國界」的時代，更需要有「天下一家」的恢宏思想。但是有些人經常強調你是南部人、我是北部人、我們是本省人、你們是外省人，這種地域觀念，只會造成矛盾和族群排斥現象，對整體而言並非善事。若能泯除分別，不分彼此，不相阻礙，如重重無礙的燈光，同體共生，社會才會平安和諧。好比今日澳洲，放下狹隘的白澳政策，尊重多元種族的發展，因此呈現多元文化的蓬勃朝氣，令人稱讚與歡喜。

第二、沒有男女輕重的歧視：人在性別上都是平等的，應該受到同等看待與尊重。像現在，不僅在台灣，世界各地都有女性或做民意代表，或擔任部會首長，這都是人權進步的好現象。今後要進步，應以人的才、德為標準，沒有男女輕重的歧視，人類才會更上一層。

第三、沒有見解謬誤的邪知：現在有一些智慧型的罪犯，就是「聰明反被聰明誤」，或者錯誤的見解，引發無窮的禍患。比如，喜殺、樂殺，見別人殺而讚歎殺；自己盜取他物，教唆別人偷盜，見人盜竊心生歡喜，這種行為甚至罪惡更深。

自己喝酒，強迫別人喝酒；自己妄語，以別人受騙為樂，凡此種種為

高永隆繪

見解上的錯誤，實在難以挽救。所以，健全的思想，要建立在沒有見解上的謬誤和邪知。在佛教認為破戒好比樹木折幹損枝，還可以懺悔改過；見解錯誤的破戒，如同腐爛的根莖，就無法懺悔回頭了。因此切莫因為一時的邪知邪見，把微小的罪過，演變成萬劫不復的重大罪孽，而留下無邊遺憾。

第四、沒有對人記恨的心理：打倒不喜歡的人，對自己就好嗎？嫉妒比你強的人，自己就會成功嗎？不會的。

仇恨只會自我障礙，不會進步，最後發現什麼也得不到。儒家說「君子無隔宿之仇」，佛家也說「不念舊惡」，轉個念頭放下，寬恕別人，就是寬恕自己，千萬別把煩惱帶到床上，否則自他無益，那就太划不來了。

懷讓大師以「磨磚不能成鏡、坐禪豈能成佛」，點撥馬祖道一禪師的執著；百丈禪師以「不昧因果」，開解問道老者的疑惑，脫去五百世為狐狸之身，可見建立正知正見的重要。因此，要多讀好書，多聞正法，親近善知識，養成正見的人格。以上是建立健全的思想的方法。

第一、沒有地域觀念的分別。

第二、沒有男女輕重的歧視。

第三、沒有見解謬誤的邪知。

第四、沒有對人記恨的心理。

吾人努力的方向

無論做什麼事都要有理想、有目標，才能努力以赴。好比開車時，要有方向，才不致走冤枉路；工作時，要有計畫，運作方能順遂。生活在大時代裡的我們，除了為個人的未來努力，也要能為社會、國家的未來盡一分心力。吾人努力的方向是什麼呢？有四點意見：

第一、族群整體的認同：人常因為彼此的不同而產生情結，其中又以族群問題最甚。其實，生長在同一塊土地上，說著共同語言，有著共同文化，何必畫地自限？美國地大物博，是世界民族的大熔爐，各人種族群都可以共處；唐朝所以興盛，也是因為包容不同民族的存在；近代　國父孫中山先生也強調：「五族共和」。因此，吾人對族群要有整體的認同，同心同德，群心群力，才能發揮更大的力量。分化的思想，只會導致紛爭、戰鬥，對人心社會並非善事。

第二、道德信心的恢復：物質生活豐富以後，許多人為物所役，道德觀念低落，反而沒有信心，不知道自己要做什麼，現今實在更需要道德與信心的恢復與重建。一個人有道德，人歡喜與之共事；一個團體有道德，人歡喜參與其中。無論企業間的往來，或是人與人交流等，信心、道德都是不可缺乏的品德，因此格外地需要加強建立。

第三、文化生活的充實：現今的社會型態轉變，比錢財更重要的是精神上的富有，講究慈悲、講究品德，尤以充實文化內涵、精神更為重要。目前社會正大力提倡讀書會，這是很好的方法，藉此可以建立書香家庭、書香社會、書香人生，提升生活品質。

第四、全民活力的再生：朱熹說：「問渠那得清如許，謂有源頭活水來。」有活水，就能源源不斷。同樣的，有活力，就有目標，有活力，就會進步；人生有活力，才有光采；團體有活力，才能延續。現在應努力再生全民的活力，例如鼓勵文教、獎勵投資等，讓我們的社會充滿色彩、充滿希望。

現在的社會，凡事講求未來性，因此吾人眼光要能放遠、心胸要能放大，才能創造美好的未來。有以下四點建議：

第一、族群整體的認同。

第二、道德信心的恢復。

第三、文化生活的充實。

第四、全民活力的再生。

政治人的胸懷

在這個世間上，沒有一個人能離開政治而生存，甚至連出家人都要納稅、當兵、參與選舉投票……，所以說，世界一切都與政治脫離不了關係。因此，每個人到了法定的年齡，自然而然會成為社會人，而且是社會的政治人。身為政治人的我們，應該具有怎樣的胸懷呢？有以下四點建議：

第一、要有道德勇氣：不管是政治家也好，一般民眾也好，在說話、做事的時候，都要講究道德勇氣。如果面對利害得失，只知爭取自己的利益，不明是非原則，便喪失了做人的道德；或是當言不敢言，當做不敢做，向惡勢力低頭屈服，也都是沒有道德勇氣的人。

第二、要對政敵尊重：現代的社會講究自由民主政治，人人可以有自己的主張，各人可以有各人的意見。因此，政治家對於不同主張和意見的政敵，必須給予尊重和包容，不能有「順我者昌，逆我者亡」的專制思想，才是一個真正自由民主的政治人。

第三、要有服務熱忱：國父孫中山先生曾說過：「政就是眾人之事，治就是管理，管理眾人之事就是政治。」想要管理眾人之事，必須先有服務的精神，所以，政治就是「服務」。身為二十一世紀的政治人、社會人，如果失去了「服務」的精神，便談不上是個現代人。我們不但要有服務的精神，更要有服務品格，盡自己的心力來幫助人，才能獲得別人對我們的認同。

第四、要有包容心胸：我們每天所聽到的語言，一定有不少是不喜歡聽的；每天所遇到的事情，也有很多是不順心的。雖然如此，還是必須學習具備包容異己的雅量，以接受不同意見，聽取不同的聲音。一個人的包容心量有多大，其事業成就就有多大，所謂「宰相肚裡能撐船」，即是接納異己，包容世界萬有的政治人。所以，政治人應該有以下四點胸懷：

第一、要有道德勇氣。

第二、要對政敵尊重。

第三、要有服務熱忱。

第四、要有包容心胸。

施金輝繪

立志為先

實賢大師的〈勸發菩提心文〉說：「入道要門，發心為首，修行急務，立願居先。願立則眾生可度，心發則佛道堪成。」修行人有堅定的信願，足夠的願心，成佛作祖也不是難事。世間事業也一樣，具足信、願、行，就能有所成就。在此提出成就事業、志業的四項要件：

第一、有信心就有力量：國父孫中山先生曾說：「信心就是力量。」宗教家也深信信仰就是力量。任何人都應該對自己有信心，對朋友有信心，對國家、社會有信心。古來許多戰爭，本來弱勢的一方，常因有信心而轉敗為勝。如諸葛亮的「空城計」，就是因為扮作百姓掃地的八十軍士和諸葛亮身邊攜琴的小童，對他們的主帥有信心，才能不驚不慌地配合演練，而瞞過機警的司馬懿，終於轉危為安。

第二、有目標就會努力：每一個人都應該為自己定個目標，比方說，我希望將來經商，我希望開工廠、教書、有一技之長、為人服務或作官；甚至，立志成為聖賢，成為偉大的人物。總是要有一個目標，才有前進的方向；方向確定之後，就會有動力，督促自己努力不懈的朝目標逐步邁進。

第三、有意志就能堅持：人要有意志，在艱困之際，才能鍥而不捨。司馬遷雖枉受「腐刑」之辱，卻仍咬緊牙根，埋首著書，完成「究天人之際，通古今之變，成一家之言」的《史記》；就是他有「人固有一死，死有重於泰山，或輕於鴻毛」的堅持，才能夠留下這部「史家之絕唱，無韻之離騷」的偉大巨著。

第四、有願力就會成功：〈勸發菩提心文〉也說：「虛空非大，心王為大。金剛非堅，願力最堅。」諸佛菩薩皆發大願救度眾生，如觀音菩薩以「千處祈求千處應」的悲心，聞聲救苦；地藏菩薩以「地獄不空，誓不成佛；眾生度盡，方證菩提」的願力，拯救沉淪；阿彌陀佛發了四十八大願，而成就殊勝的西方淨土。由此可知，堅固的願力，才是成功的最重要因素。

我們常說「願景」，願景就是我希望將來會有什麼光景。如果希望有個燦爛光景、有成功的人生，那麼，就不要忘了這四個先決條件：

- 第一、有信心就有力量。
- 第二、有目標就會努力。
- 第三、有意志就能堅持。
- 第四、有願力就會成功。

嚴謹之儀

宋·張靖撰《棋經十三篇》中說：「博弈之道，貴乎嚴謹。」棋要下得好，嚴謹的態度非常重要。接著又說：「寧輸數子，勿失一先。」有嚴謹的態度，才能審慎通盤考量，才有餘裕洞燭機先，贏得勝算。不僅棋局對峙時應有嚴謹的態度，在如棋局的人生中，也應有嚴謹之儀，才能篤定而無失誤。如何才是處世的嚴謹風儀？下列四點意見：

第一、不可乘興而輕諾：信守承諾是做人的道理，中國人更強調「君子一言，駟馬難追」，雙方承諾的事，甚至不用寫契約書，口頭約定即具效力。乃至俠義之士寧「重然諾」而「輕生死」，可見重諾守信，是一個人立身處世的重要態度。嚴謹的人，在點頭應允他人的要求前，會先評估自己的能力，絕不輕諾寡信，導至信用破產。

第二、不可因忤而生瞋：慈悲正直明理的人，會容納別人的不同。所謂「智者千慮，必有一失；愚者千慮，必有一得。」一個人再如何聰明能幹，也有考慮不周延的時候，因此，不要因為別人意見與我相左就生氣；也不要因他人違逆我的意思就不悅。「狂夫之言，聖人擇焉」，態度嚴謹者，愈能虛心廣納多方。

第三、不可恃寵而驕傲：所謂：「福禍無門，唯人自召。」禍能生福，福能生禍。一個人處於危難之際，心存敬謹，戰戰兢兢，就能將災禍減低至最小，此即禍能生福之理。反之，一個人在平步青雲，處處得長輩寵愛、貴人相助時，恃寵仗福而驕縱，輕忽侮慢他人，無形中損減自己的福報，福去禍即生。因此，嚴謹之人，切忌恃寵而驕。

第四、不可位尊而忘本：有的人出生貧窮，不過由於努力，慢慢也有所成就。地位尊貴後，卻忘記自己的根本，患難之交不要了，鄉親

高永隆繪

故人不要了，乃至貧困時的關係因緣，都不要了，這樣忘本的人，是沒有人歡喜的。東漢光武帝的姐姐湖陽公主看上大臣宋弘，想要嫁給他。光武帝叫宋弘離婚娶湖陽公主。宋弘婉拒：「貧賤之交不可忘，糟糠之妻不下堂。」湖陽公主只好打消念頭，宋弘的德行成了歷史一段佳話，也贏得後人的讚譽。

嚴謹是每個人應有的處世態度，具備「嚴謹之儀」者將受到人們的尊重與愛戴。嚴謹之儀有四項準則：

第一、不可乘興而輕諾。

第二、不可因忤而生瞋。

第三、不可恃寵而驕傲。

第四、不可位尊而忘本。

涵養風姿

《大學》說：「富潤屋，德潤身，心廣體胖，故君子必誠其意。」一個富有的人，可以用金錢財富來將房子打點得富麗堂皇；一個有智慧的人，則是以敦品勵德，來涵養儀態容貌的莊嚴。一個人的內心修養，顯現在外就成為氣質風度，所以說：「誠於中，形於外。」有涵養者的形象是什麼樣子？有四點：

第一、聰明者不迷：一個聰明人不會被迷惑。這個世間上能迷惑我們的東西很多，顯赫的聲名地位可以迷惑我們，充裕的財富金錢會迷惑我們，浪漫的愛情會迷惑我們，甚至他人的甜言蜜語、恭維尊敬都可以迷惑我們。如果是一個聰明的人，就能看透這些事物背後的虛妄不恆長，而不被迷惑。

第二、正見者不邪：所謂「正見」，就是正確的知識見解，即使眾說紛紜，他都能堅守原則，不為所惑。比方現代社會上的宗教現象，雖說正信的宗教不少，但是假藉宗教之名，行斂財詐騙之實者也頗多。如果沒有判別正邪的能力，追求錯誤的信仰，花錢了事還算幸運，如果因而身敗名裂，家破人散，那就非常不值得。因此，真正有涵養的人具正見，知道如何正確選擇自己的信仰，不會錯信與邪信。

第三、有容者不妒：一個有涵養的人，能夠包容異己，對於不同意我的人，不同的思想、種族、國家、語言行為，都有包容的雅量。對於他人的成就、榮譽、聲名也不會嫉妒。有涵養者深知佛經「守志奉道，其福甚大；睹人施道，助之歡喜，亦得福報」之理，樂於隨喜他人的成就，不妒不忌。

第四、心靜者不煩：有涵養的人在一天當中，會保留一個寧靜的時刻給自己，作反省、靜慮思維，摒棄心緒的繁瑣雜蕪，讓心靈獲得清明，才有足夠的智慧，正確明智的處理事情。正是所謂「知止而后有定，定而后能靜，靜而后能安，安而后能慮，慮而后能得。」

有涵養的人，其展現在外的風度姿儀，甚為豐富深厚，在此略舉四點：

- 第一、聰明者不迷。
- 第二、正見者不邪。
- 第三、有容者不妒。
- 第四、心靜者不煩。

平實的利益

米實了，煮出來的飯，才會香美可口；木實了，做出來的桌椅，才能堅固耐用；人生無論成就事業、做人處世也要平實，不做虛空之事，才會成功平安。平實的利益有那些？有以下四點：

第一、不妄求，是知足的生命：在這世間上，有的人急急忙忙求這個、求那個，種種的不知足、不滿足，真是：「爭名日夜奔，爭利東西驚」，這樣的生命，怎會自在逍遙？假如想要過平實一點的生活，你不要去妄求。該來的，是你的，跑不了，也不會失去；不該來的，不是你的，怎麼樣想方法獲得，即便是煮熟的鴨子，也會飛走。因此，所謂「由淡中知真味，從常裡識英奇」，你不妄求，才能體會知足生命的寶貴。

施金輝繪

第二、不聰明，是本分的性格：一般人總是求聰明，蘇東坡卻說：「惟願孩兒愚且魯，無災無難到公卿。」聰明不好嗎？不一定。聰明是一種智識的能力，如果沒有正確方向，沒有般若智慧的引導，變成小聰明，反而助長惡事，自墮煩惱，這就是聰明反被聰明誤。能夠聰明而不自覺聰明，不耍聰明，這就是一種本分性格。你老成、本分，加上道德、慈悲、佛法，所謂「大智若愚」，才是真聰明。

第三、不計謀，是誠實的做人：有的人做人種種用心，種種計謀，種種經營，種種想要，弄權術、搞陰謀，萬般心機，到最後惹得自己疲憊不堪，徒然給自己生活帶來不安然、不快樂。如果能夠「萬機休罷付癡憨」，不再競爭汲營，不再用權謀算計，那就能誠誠實實做人，放下自在，平安得福。

第四、不自私，是單純的身心：有的人非常自私狹窄，什麼東西都是「我的身體」、「我的需要」、「我的家庭」、「我的親戚」、「我的朋友」……到最後，無論什麼東西都是「我的」，因為「我的」太多，他的世界裡只容下自己，沒有別人，苦惱、麻煩也就跟著多起來。能夠不自私，什麼都是大家的、大眾的、你的、他的，只為別人，不據己有、慈悲喜捨，就會擁有單純的身心。

所以平實的利益有這四點：

第一、不妄求，是知足的生命。

第二、不聰明，是本分的性格。

第三、不計謀，是誠實的做人。

第四、不自私，是單純的身心。

負重的條件

每一個人都具有無限的潛力，就看我們自己能不能把潛在的性能發揮出來。你能把性能發揮出來，就可以「能早能晚」，「能飽能餓」、「能冷能熱」、「能大能小」、「能進能退」、「能上能下」、「能有能無」、「能榮能辱」，無所不能。這就是一個人生活在這世間能承載的力量。如何增進這承載負重的力量呢？有以下四個條件：

第一、能智能拙，期可久也：一個人需要聰明、智慧，才有辦法面對和解決遇到的種種人事物問題，但有時候也需要「拙」的功夫。「拙」不是愚昧，不是愚癡，「拙」只是不足、不靈巧，就是因為這樣，所以才肯踏實、本份、樸實、一步一步的把一件事做好，這是成功之道，也是做人處世的長久之計。因此人的一生裡，能智能拙最好，若不能時，也寧可以選擇拙，千萬不可以智害拙。

第二、能信能疑，險可走也：信，是立身處世的根本。於世間要有信有義，對別人要誠信不欺，做事情要守信為先，對自己更要有堅定的信心。但是所謂：「害人之心不可有，防人之心不可無」，有時候，也不得不要有猶豫質疑的情況。當信的時候相信，當疑的時候也要懷疑，如此，遇到危機、危險時，你才能處理化解，平安度過。

第三、能剛能柔，重可負也：做人處事，你光是執理剛強，別人也不容易服氣。反之，一味的低姿柔軟，人家也會看你不起。所以，有的時候要「剛中有柔」，有的時候要「柔中有剛」，當剛則剛，當柔則柔，剛柔並用，才可以忍辱負重，達成目標。

第四、能屈能伸，功可成也：古人有云：「君子之身，可大可小。丈夫之志，能屈能伸。」為了理想抱負，目標願景，我們做人處世也要「能屈能伸」。好比這雙手，握拳可以施力，伸展可以取物，能收能張，才能運用自如。能懂得「大直若屈」，功業可成也。

駱駝能負重，所以能越過沙漠；船隻能載重，所以能橫渡汪洋；要堅強勇敢地行走在人生道路上，這四點負重的條件，要自我培養。

第一、能智能拙，期可久也。

第二、能信能疑，險可走也。

第三、能剛能柔，重可負也。

第四、能屈能伸，功可成也。

真正的內涵

一個人有漂亮的容貌，亮麗的外形，在社交活動上當然會佔優勢。但是要真正有魅力，絕不能光靠外表。外表是假象，青春很短暫，容貌很快會隨著時光的流逝而衰老。一個人的內涵可以隨著歲月的成長而逐漸豐厚，而成為真正高貴莊嚴的人。內涵不等於漂亮，卻是別人不敢小覷的特質。除了氣質、道德、聰明智慧等都可以是我們的內涵外，這裡還有四項具深義的內涵，提供給各位：

第一、真正的力量是忍耐：忍耐是勇者的象徵，忍耐是擔當、是力量，忍耐甚至能化除仇恨。所謂「忍一時，風平浪靜；退一步，海闊天空。」現代人因為漸漸不堪忍耐，什麼事都要爭，因此也慢慢形成社會的暴戾風氣，因一時氣憤，而鬧出命案的新聞也不少見。人家都說「士可殺不可辱」，韓信卻因為忍得胯下之辱，而成為真正的英雄。因此，忍耐才是真正的力量。

第二、真正的智慧是寬厚：有些人很聰明，但他的聰明是用來跟人家計較，討人家便宜，或算計別人，這些都不算真聰明。真正的聰明是肯待人以寬、以慈、以德，有如此寬厚的德性，才是真聰明。

不吝以自己的智慧為人服務，以自己的福報與人共享，在言語、行為上，處處留人餘地，才是真智慧。

第三、真正的慈悲是包容：我們講究慈悲、講究博愛、講究人和，最要緊的是要有包容心。你的愛心有多大，可以包容多少，你就擁有多少天地。你能愛一家人，你做家長；你能愛一村人，你就有做村長的能耐；你能無私地愛一個國家，處處為人民著眼、謀福，你就有資格當國王。你的慈悲如虛空，能包容萬物，那麼，你就擁有整個宇宙天地。

第四、真正的財富是滿足：有一個人騎著驢子外出，見到前面一個人騎著馬，他好生羨慕，恨不得自己騎的就是馬。可是

高永隆繪

回頭一看，有一個人正汗流浹背的推著車。他滿足的說：「你騎馬來我騎驢，看看眼前我不如；回頭一看推車漢，比上不足下有餘。」有再多的財富，如果不知滿足，還是貧窮；雖然僅有少許財富，卻很珍惜、很滿足，這才是真正的財富。

內涵要點滴積聚，非一蹴可成，非文飾可得，要從內心逐漸培養忍耐、寬厚、包容、知足的德性，才能豐富我們真正的內涵。

第一、真正的力量是忍耐。

第二、真正的智慧是寬厚。

第三、真正的慈悲是包容。

第四、真正的財富是滿足。

慎獨

一位慣竊的父親帶著兒子闖空門，並且讓兒子在外把風。正當在屋裡翻箱倒櫃之際，忽然聽見兒子的叫聲：「爸爸，有人在看我們！」父子倆落荒而逃。跑了一段路後，他問兒子：「剛才你看到什麼人？」兒子回答：「月亮一直看著我們呀！」

我們一切作為，起心動念，不但月亮看得到，乃至因果昭然，無不盡知盡見。儒家說：「君子慎獨」，就是提醒自己獨處時，必須有「戰戰兢兢，如臨深淵，如履薄冰」的謹慎心念。如何獨處？四點提供給大家：

第一、獨居不妄想，是養氣功夫：胡思亂想，易生暗鬼，因此吾人應不欺暗室，養成端正的心志，坦然無畏的功夫。佛陀告誡弟子：「寂靜不作惡，善說不亂思，則能遠惡業，如風掃枯葉。」意思是，若能居於寂靜中，不作惡業，口出善語，思想無妄念，惡業就像清風拂去枯葉一般，自然遠離。獨處時，能謹慎地覺察自己所思所行，所謂「防身離過」，正直剛大之氣，自然成為心底功夫。

第二、獨行不滯礙，是養神功夫：獨行做事，無所罣礙，以戒定慧做為身口意的防護，可以逐漸養成獨立承擔的人格與氣魄。所謂「高高山頂立，深深海底行」，擁有獨立人格者，他不畏困難，不怕挫折，念念作積極、光明面想，能夠任運自如，不停滯、不執著，自是養神功夫。

第三、獨室不邪思，是養德功夫：君子修德，所謂「幽隱細微，必慎其幾。」吾人獨處，所謂「暗室屋漏，一如大庭廣眾之中，表裡精粗，無一或苟」，不邪思、不

邪想，不意念是非人我，起心動念間如法清淨，幽暗細微處嚴格要求，慢慢內化成自身的涵養，自然成就養德功夫。

第四、獨自不愧心，是養量功夫：東漢昌邑縣令王密，夜送十斤黃金，報答太守楊震栽培之恩。楊震辭金不受，王密說：「現在是夜晚，無人知曉。」楊震大怒，斥聲說道：「天知，地知，我知，你知。怎麼會無人知道？」如果吾人也能如此，以無愧於己的信念，抵禦暗室可欺之心；何時何地，一切作為，不愧對天地良心，自警自誡，必能長養自己的心量，豐富自身的內涵。

曾子說：「十目所視，十指所指，其嚴乎。」我們若能不愧屋漏，在舉心動念間，不敢逾矩，拿捏分寸，心中有天地，有規範，風度自然成熟泱泱。

第一、獨居不妄想，是養氣功夫。

第二、獨行不滯礙，是養神功夫。

第三、獨室不邪思，是養德功夫。

第四、獨自不愧心，是養量功夫。

操守

莎士比亞說：「在命運的顛沛中，最容易看出一個人的氣節。」人的一生要克服無盡的磨練才能成長，所謂「富貴不能淫，貧賤不能移，威武不能屈」，這些磨練包括物質、情愛、忠誠度的考驗，更是「操守」的試金石。在人生的旅途中，我們如何才能堅守自己的操守，不受外境誘惑而變節呢？有四個譬喻說明：

第一、金可磨，而不可以奪其色：黃金可以耐高溫冶煉，可以磨到發亮而顏色始終如一，不被外力奪其顏色，此即「真金不怕火煉」。黃金在高溫之中不變其質，更不壞其色；就如正良賢士，即使遇到外力的脅迫利誘，也不會改變他正直忠誠的本質。說明人生本是一場無盡的考驗，能勇於接受磨練者，才能如真金煉之以火，一切垢盡，不但不變其色，更能轉為明淨。

第二、蘭可移，而不可以滅其馨：蘭花，原是生長在深山幽谷之中，即使被人移植到花園裡栽種，也能不減其馨香，所以被古代文人雅士譽其如不求名利的高節之士。荀子說：「鬧中靜察，困時向上」，說明有涵養的人，處境窮困，其心志寬廣；身處富貴，也能恭敬從容。所謂「憂道不憂貧」，一個有著高風亮節之操守的人，不因外在環境改變而放棄追求真理的熱忱，如此才是真正的君子。

第三、玉可碎，而不可以改其白：白玉即使被打碎了，依然保持它淨無瑕穢的潔白顏色，不因破損而玷污其質。賢能忠誠之士如潔玉般，不因誘惑而損其道德和節操，更不會因外侮而變節改志。孔子說：「可以托六尺之孤，可以寄百里之命，臨大節而不可奪也。」《禮記》亦云：「臨財毋苟得，臨難毋苟免」，都是說明，君子不變其節的高尚情操。

第四、鐵可銷，而不可易其剛：鋼鐵可以受烈火銷溶，但是它的剛性、硬度，是不能改變的，就如孔子所謂：「三軍可奪帥也，匹夫不可奪志也」。又說：「志士仁人，無求生以害

高永隆繪

人，有殺身以成仁。」看看歷史上如文天祥、張良、蘇武等寧全大義而守節的豪傑義士，其大無畏、誓死不事異族的精神，就如「鐵可銷熔，而不可易其剛」之氣節。

岳飛曾說：「文官不愛錢，武將不惜死。」說明做人要能不受富貴引誘而易心，不因貧賤磨難而喪志，不被暴力威逼而變節。就如黃金能保持自己的本色；如蘭花能保持自己的芬芳；如白玉能保持自己的清白；如鋼鐵能保持自己的正直。這四種節操，正是吾人應有的操守：

第一、金可磨，而不可以奪其色。

第二、蘭可移，而不可以減其馨。

第三、玉可碎，而不可以改其白。

第四、鐵可銷，而不可以易其剛。

氣節

人不怕無權無位，就怕沒有志氣。一個有志氣的人，縱使身處逆境，儘管被人打壓，都能像蝴蝶一樣「破繭而出」；沒有氣節的人，縱使環境因緣再好，他反而耽溺其中。所以人要有氣節、要有節操，有氣節才有志氣、才有勇氣、才有義氣、才有道氣。人的「氣節」，有四點說明：

第一、在貧困中要有人格志氣：人生的際遇，有窮通禍福、興衰榮枯。當處窮困時，有的人很容易喪失尊嚴、失去鬥志，有的人則「人窮志不窮」。人格志氣的可貴，是在功名富貴之外；人有志氣，則困苦反而是完成人格的增上緣。一個人平時如果不肯進德修慧，人格就會卑賤；心裡常念「好」、「慚愧」、「結善緣」，則能使人格達於善美。

第二、在危難中要有信心勇氣：經云：「國土危脆，三界無安」，世間本來就充滿了不可知的變數，人生

高永隆繪

也難免會有遭逢危險、困難的時候。面臨危難，最重要的是要有信心，要有勇氣。有的人遇到了危難、困苦，自己完全沒有勇氣、信心去面對。一個對自己的前途、未來沒有信心、沒有勇氣的人，怎麼能力求上進呢？

第三、在富貴中要有善心義氣：有的人否極泰來，從困苦中奮鬥有成，一下子富貴發達了，他就揮霍無度，完全忘記自己當初是如何從窮困中走過來的。因為不能記取過去的經驗，不懂得謹慎面對未來，很可能又會再度失去所有。所以人處富貴的時候，應該懂得貧窮困苦的艱難，應該更有善心義氣去幫助窮苦的人。當處富貴時，能有善心義氣主動去幫助別人，自能增添自己人格的光輝。

第四、在修持中要有正心道氣：一個人不管信仰什麼宗教，不管修持什麼法門，最重要的是要有正心道氣。所謂「因地不正，果遭迂曲」，一個人如果心地不正，則「邪人說正法，正法也成邪」；反之，「正人說邪法，邪法也成正」。所以在修持中要有正心道氣，心正，才有道氣；心不正，根本談不上道氣，當然也就無從發揮。

有志氣的人，一句話，不管好壞，都能使他長進；一個境界，不管順逆，都能激發他的潛能。就如剛發芽的竹筍，寒風冷雨也能助它成林。所以，人的「氣節」有四點：

第一、在貧困中要有人格志氣。

第二、在危難中要有信心勇氣。

第三、在富貴中要有善心義氣。

第四、在修持中要有正心道氣。

思維

人生的每個階段有不同的思維方式；不同涵養的人，有不同的需求。幼兒希望有牛奶喝，年輕人希望才華洋溢，大人希望名利雙收，每一個人所思所想各有不同。如果你想要了解自己是一個怎麼樣的人，只要每天仔細觀察自己的所思所想，必定可以認識自己、找到自己。以下有四種思維提供大家參考：

第一、思維珍寶財物是凡人：一般人大多希望自己獲利愈多愈好，積蓄愈多愈好。雖說物質生活是人類的基本需求，但是對於身外之物過分需求，汲汲營營，每天心裡所想只是如何鑽營財利，腦筋所動就是計較權貴珍寶，這不就是十足的凡人嗎？

第二、思維湖光山色是詩人：有些人不在乎財利權勢，寄情於山野林間，歸投樸實不華的生活，他賦吟自然之美，歌詠大地之廣，怡然自得、任運無礙。雖不見高俸榮祿，卻有山林的豐富物產；雖不見高廣閒庭，精神卻與天地物我合一，這樣與世無爭的性格，就是詩人雅士的性格。

第三、思維道德仁愛是賢人：《禮記》載：「仁者莫大於愛人。」一位具備仁愛之人，他會經常想到禮義道德，而不是計較利害得失；他會常思及如何去利益別人，而不是自己的安樂利養。有仁愛的賢人，他會救人的危難，濟人的窘急，但不會因求自己的名譽而去傷害他人。

第四、思維真如佛性是道人：假如我們每天心中都是心存善念、歡喜助人，以及如何去除習氣、去除妄想煩惱，找到真心，明心見性。甚至發菩提心、發慈悲心，這就是個修道人，甚至他會像觀世音菩薩一樣聞聲救難，慈悲利人，像地藏王菩薩救苦於倒懸。所以常常反觀自照的人，就是屬於修道人的性格。

思維自己屬於何種人，就是在反省自己的優缺得失，古德說：「白日所為，夜來省己，是惡當驚，是善當喜。」就是在思維自己的心念是否偏離正道。所以，想要知道自己是一個怎樣的人嗎？可以仔細檢查一下，平時心中的思維是什麼？有以下四點：

第一、思維珍寶財物是凡人。

第二、思維湖光山色是詩人。

第三、思維道德仁愛是賢人。

第四、思維真如佛性是道人。

回饋

有的公司、工廠一旦發財，左鄰右舍都會來要求回饋，希望能為當地建設付出心力；當然民眾在納稅之餘也希望政府回饋，為人民增加各種福利制度；乃至有回饋客戶、回饋鄉里、回饋意見等。其實，倒不一定要人家來回饋我們，我們自己也要懂得回饋別人。「回饋」有四點：

第一、對父母要回饋以孝順：《詩經》云：「哀哀父母，生我劬勞。」父母於生養子女之初，從不嫌棄大小便溺的骯髒，撫育時，更是竭盡心力；當兒女長大成人之後，又提供教育的機會；出了社會，還要憂心事業順利與否。父母為子女辛勞了一輩子，為人子女的我們能不報答、不回饋嗎？因此，對父母要能孝順，凡事不要讓父母擔心困擾。

第二、對師長要回饋以恭敬：師長傳授知識給我們，給我們不斷鼓勵，帶領著我們成長，甚至放下了自己大好前途，無私的奉獻教育、提攜後輩，我們能不回饋師長嗎？因此，對師長要心存恭敬，所謂「有事，弟子服其勞。」心存恭敬，則無事不成，也不負師長的栽培之恩。

第三、對朋友要回饋以幫助：從小學、中學、大學，一直踏入社會，我們會結交不少朋友。遭逢悲傷時，朋友是最大的精神支柱，給予我們莫大的鼓勵和慰藉；欣逢歡喜事，朋友是分享的最佳對象。求職時，朋友鼎力協助幫忙；計劃時，朋友提供寶貴意見；遇到任何需要，朋友總是第一個給予幫助的人。反觀自己，朋友給予的幫助這麼多，我有回饋他們嗎？我是有情有義來幫助朋友的嗎？

第四、對社會要回饋以奉獻：日常生活裡，我們能不愁吃、不愁穿，搭車有專人服務，工作有福利保障，交通也便利快捷，一切都是因為社會各界的努力奮鬥。國家積極建設，我們才擁有諸多方便享受，以及一切所需。正因為擁有了這麼多，我們更應該回饋社會，為社會的進步和發展貢獻力量。

一個懂得回饋的人，必定是個富有的人；不懂得回饋的人，則將貧窮一生，希望人人做富貴之人。「回饋」有四點建議，希望大家付諸行動：

- 第一、對父母要回饋以孝順。
- 第二、對師長要回饋以恭敬。
- 第三、對朋友要回饋以幫助。
- 第四、對社會要回饋以奉獻。

是非

人際之間，最忌蜚短流長、捕風捉影，空穴來風的話，不僅自己苦惱，也傷害他人，成為是非。宋朝懷深禪師告誡世人：「莫說他人短與長，說來說去自招殃，若能閉口深藏舌，便是修行第一方。」做人，要少說人家的是非，少論他人的短長，這「便是修行第一方」。然而，世間的是非這麼多，怎樣來面對呢？

第一、不說是非：說話要有智慧，該說、不該說，也要智慧判斷。例如：所說非人不說、諂媚阿諛不說、出言招忌不說、說了招惑不說。佛門云：「少說一句話，多念一句佛。」古德亦云：「時時檢點自身事，莫費工夫論他人。」就是要人修好口德，不在自己的口下犯過失。

第二、不傳是非：君子不但不說是非，也要不傳是非，更不去渲染、擴大。所謂「是非止於智者」，就是讓所有的是非、惡言，到我這裡便截止了，不兩舌、不挑撥，以訛傳訛。念菴禪師有一首偈語說：「世事紛紛如閃電，輪迴滾滾似雲飛；今日不知明日事，那有工夫論是非。」講話自重，少說是非，多說好話，就能不傳是非，維護口業。

第三、不聽是非：世事多紛雜，此也是是非，彼也是是非；是非朝朝有，不聽自然無。假使聽到「是非」，也不必苦惱，要能分辨善惡、黑白、對錯，以真理判斷，不合道德、不合禮節，就當遠離。讓自己的耳朵不聽是非而聽實話，不聽惡言而聽善語，不聽雜話而聽佛法，不聽閒言而聽真理，耳根自然就清淨了。

第四、不怕是非：現實的人生，到處都有是非，可是在一個有道之人聽來，一切都是因緣和合。是自己的是非，忍耐一下，終究會過去；或遭人毀謗，也是暫時的假相，無須喪氣，以譏我、謗我為助緣，當作是消災解怨。至於別人的是非，要用智慧判斷，不必跟著起舞，學習彌勒菩薩大肚能容，把是非、煩惱消融轉化，一切瞋怨自會平息。

面對是非之道，不但不說是非，不聽是非，不傳是非，不怕是非，進而檢舉是非，求證是非，公開是非，是非就會遁之無形，無法存在。

第一、不說是非。

第二、不傳是非。

第三、不聽是非。

第四、不怕是非。

養智

一般人都重視保養。為了身體健康而養身，為讓心理健全要養心，為使精神、體力充足需養神。除此之外，最重要的是「養智」，智是般若智慧，它不同於聰明，有時聰明反被聰明誤；智也不同於靈巧，靈巧是敏捷，但有時不深厚。「智」如同鏡子，自然光照毫無造作，正確如實而無偽飾。如何養智？有四點要增強：

第一、要有清楚的觀照力：看人、看事、講道理，要有觀照的力量，清楚、明白，不偏不倚。好比照相時，距離、光圈調得準確，才能照出清晰的畫面，言談、處事也是這樣，有智慧的觀照，就能正確無疑。具備了觀照力，外境的五欲六塵才不致登門而入，擾亂身心，念頭也才能保持在了了分明的覺察中。

第二、要有正確的判斷力：

近年頗受社會大眾敬重的溫世仁先生，他曾說，未來的學生必須具備兩項條件，一是語言，二是判斷力，這是沒有錯的。判斷力的養成尤其重要。判斷善惡、是非、好壞，要依循一定的標準、道理，也就是要有普遍性、平等性、必然性，判斷出來才會正確。它不是糊里糊塗的，不是某

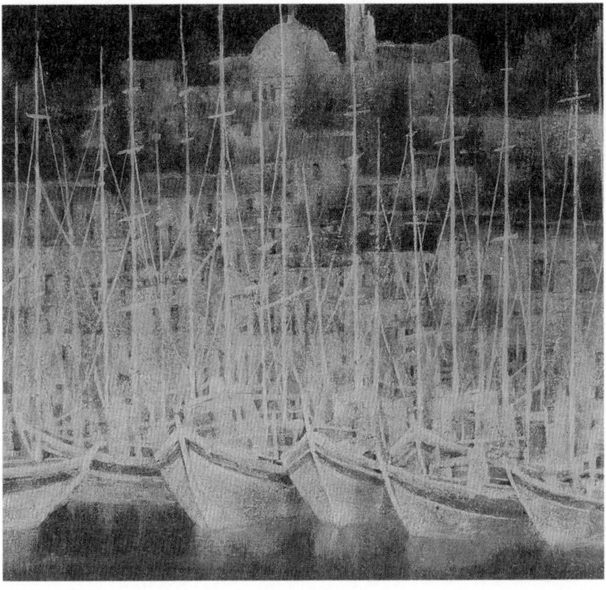

高永隆繪

一個人說是就是、說非就非。如同下棋要有判斷力才能勝出，登山要有判斷力才不至迷失。人生也如下棋、登山，要有明智的判斷力，每一步才能穩固，生命才不致迷惑。

第三、要有合理的思惟力：《增一阿含經》有云：「以我有忍力、思惟力故，便能降伏魔眾，成無上正真之道，坐於道場。」一切人事物，並不是光看表面就能明了，必有它內在的道理；也不是光看一時，還要看它過去的因緣。所以，凡事經過合理的思考，前因後果、來龍去脈，都要考量清楚，才能掌握重點，也才能增學進德，增長智慧。

第四、要有果決的自信力：一個人若不得辨法判斷、了解，就無法給予人指導，自己也生不起自信心。具足智慧，就懂得判斷，信心就會增長，隨之產生力量。

有了自信力，對於是非判斷，就會快速果決；有了自信力，困境當前，就會展現能力與信心；有了自信力，才能在毀譽之前，不改其志，肯定自我的能力與價值。

每個人無不希求智慧、明朗、圓滿。以上四點的「清楚的觀照力」、「正確的判斷力」、「合理的思惟力」、「果決的自信力」，就是養智的方法，懂得培養增上，必定能開發智慧。

第一、要有清楚的觀照力。

第二、要有正確的判斷力。

第三、要有合理的思惟力。

第四、要有果決的自信力。

節制

節制是一股自制的力量，人不知節制，就容易出問題。所謂「病從口入，禍從口出」，飲食不節制會生病，說話不節制招怨怪。過分歡喜、過分悲哀，不是樂極生悲，就是愁腸百結，都不是好事。「節制」是保持冷靜的智慧，可以避免衝動，做出錯誤的判斷。到底要節制那些呢？提供以下四點參考：

第一、言語節制則愆尤少：語言是溝通的橋梁，《韓非子》說：「事以密成，語以泄敗。」西諺也云：「如同選擇食物一樣，說話也要選擇。」話要見機而說，簡潔而說，否則多餘的一句話，會惹來不必要的麻煩。不必說而說是多說，不當說而說變是非，因此要懂得說話藝術，才不會招惹愆尤；懂得說話節制，是智者的表現。

第二、舉動節制則悔吝少：行為舉動是一種禮儀，凡有所行，應有其節。行為不當，容易引起誤會，甚至惹禍上身，例如不當笑而狂笑，不當哭而號哭，不該做而多管閒事，應該做而不敢承擔，就會誤

解、怨恨、不知輕重、不明因緣，引起種種情緒，百結叢生。倘若舉動有節度，煩惱會減少，獲得他人敬重；舉止知節制，懊悔會降低，可以安頓身心。

第三、飲食節制則疾病少：古德說「吃飯七分飽」，意指不貪求、不過飽；佛教也說修道人攝取食物「如蜂採華，但取其味，不損色香」，說明吃東西只是為了滋養色身，好用功辦道，不在口感上過多重視。唐朝孫思邈所說：「蓋飽則傷肺，饑則傷氣，鹹則傷筋，酐則傷骨。」吃太多、太少、太鹹、太甜都容易致病，因此，飲食調配適時定量，才是健康之道。

第四、歡樂節制則禍敗少：每個人都想追求歡樂，但過於歡樂，往往失去平安。像巴西嘉年華會，鎮夜狂歡；台南鹽水蜂炮，刺激危險；乃至高速飆車，瘋狂蛇行等等，意外就產生了。太過興奮，造成心臟負擔，血壓上升；得意忘形，苦果隨之現前。所以，在快樂時，要明白無常變異的真相，懂得節制，禍事才能避免。

花朵過分盛開容易凋謝，水果過分成熟失去原味，做人過分謙卑變成虛偽，因此凡事都要能節制，不吃過頭的飯，不說過頭的話，不走過頭的路，不做過頭的事，學習《法句經》說的：「能克制自己，過於勝他人，若有克己者，常行自節制。」這就是自制的力量。

第一、言語節制則愆尤少。

第二、舉動節制則悔吝少。

第三、飲食節制則疾病少。

第四、歡樂節制則禍敗少。

有格

人生的意義，不在於三餐溫飽，而如行屍走肉般的活著；人生的價值，也不在於創造億萬財富，卻是一毛不拔，慳吝不捨，自私自利的營造一己之福。人，要活得於人有益，要活出自己的道德人格來，才有價值、才有意義。如何活得「有格」，有四點看法：

第一、不做金錢的奴隸：俗語說：「一錢逼死英雄漢」。人要在世間上生存，不能沒有物質生活，當然也不能鄙視金錢的重要。但是，有的人富甲天下，卻不懂得善用金錢，每天守著財富，怕被偷、被搶、被倒，成了守財奴。另外，也有人每天汲汲營營於追求財富，把財富看得比親情、友情、人情更重要，為了金錢可以不顧一切，如此不但同樣做了金錢的奴隸，而且失去了人格。所以，人要知足，要有智慧應用財富，而不是被金錢所用。

第二、不做物質的俘虜：人，為了五欲之樂，往往做了物質的俘虜而不自知。例如，為了要住豪華大宅，天天忙於打掃房子；為了要買賣股票賺錢，天天為漲停板、跌停板而操心。甚至為了一部進口汽車，天天要照顧、要保養，或是為了一件漂亮的衣服，種種的愛惜、整燙等，都是做著物質的俘虜。此即所謂「心為形役、人為物役」，何樂之有？所以，人應該節制物欲，才能活得灑脫自在。

第三、不做欲望的跟班：人，活著究竟是為了什麼？有時候想一想，幾乎都是為了欲望而辛苦；欲望愈大，生活就愈辛苦。有的人渴望發財，天天就為發財辛苦，做著財欲的跟班。有的人為了美色，於是為美色辛苦，做了美色的跟班。乃至希求名位，就為名位辛苦，所以財、色、名、食、睡，過分的貪求，就成為「地獄五條根」。人總在不自覺當中，跟著五欲走上自我毀滅之路，豈不可嘆！

第四、不做權勢的僕人：人，永遠不會知足。沒錢的時候，希望發財；有了財富，又希望成名；名氣有了，還想權勢。看到別人有權有勢，出門前呼後

擁，何等風光？於是處心積慮，想盡種種辦法接近權貴，如僕人般的小心侍候著。為了攀附權貴，如此趨炎附勢，失去了自我，人生的價值何在？

所以，人要有骨氣，所謂「風簷展書讀，古道照顏色。」人生最重要的，要活出自己的風采，要活得「有格」，這四點意見，值得吾人深思：

- 第一、不做金錢的奴隸。
- 第二、不做物質的俘虜。
- 第三、不做欲望的跟班。
- 第四、不做權勢的僕人。

施金輝繪

法律

我們在人間生活，有了制度，有了規範，生命權利才能獲得保障，因此國家制定了人民共同遵守的法律，用以懲戒壞人、保障好人。法律是人類行為的共同準則，法律之前，人人平等，是不受生活水準、謀生能力、地位貴賤、權利高低而有不同的懲戒條例。

所謂「法律」，其意義有四點：

第一、善惡是顯露的法律：法律是用來制裁犯罪、打擊恐怖行為，是保護善良、維護道德倫理的法規。所謂「法網恢恢，疏而不漏」，再高明的違法手段，終有露出破綻的時候，所以在法律之前，千萬別心存僥倖，莫存疏漏之心而去為非作歹。俗語說：「若欲人不知，除非己莫為」；法律是無情的，法律是懲奸除惡，是維護善良的戒尺，所以善惡是顯露的法律。

第二、本心是內在的法律：法律能對罪犯處以刑罰，但是人們內心無形的善惡，由誰來判決呢？自己的良知，以及自己的本心！孔子曾說：「以德去刑」，說明人人自覺的道德本心，就是內在的法律。所以每個人都是自己的法官，自己應該為自己每天的行為做裁決，我做了什麼善？做了什麼惡？自己的善惡自己最清楚，你逃得了天下人的眼睛，逃得了國家的法律，但是逃不了自己的良知。所以本心是內在的法律。

第三、天理是共遵的法律：國際間，每個國家和國家之間的法律不一樣；有些國家，這個地區和那個地區的法律也不一樣，甚至於每一位法官的裁決，因為所依的律法條文不同，而有不同的判決，如此如何公斷一個人的罪名呢？天理！天理是人類絲毫不差的善惡報應，所謂「人在做，天在看」、「舉頭三尺有神明」，這都是說明天理是共遵的法律。

第四、因果是最高的法律：《大寶積經》云：「假使百千劫，所作業不亡，因緣會遇時，果報還自受。」你種善的因就有善的果，造作惡的因就有惡的果，所

高永隆繪

以因果報應是最高的法律，無論達官貴人或販夫走卒，無一能在「善有善報，惡有惡報」的因果定律下，獲得寬貸或殊遇。如《地藏經》說：「莫輕小惡，以為無罪，死後有報，纖毫受之。」所以因果是最高的法律。

世間上，雖說法律之前，人人平等；然而法律卻有漏洞，有時還會受到人情左右，因此法律未必能做到絕對的公平。惟有在善惡、良心、天理、因果之前，才是人人平等。因此，「法律」的意義有四點：

- 第一、善惡是顯露的法律。
- 第二、本心是內在的法律。
- 第三、天理是共遵的法律。
- 第四、因果是最高的法律。

美德

美好的、合乎真善美的道德、行為，就是美德。美德給人感到歡喜，具有許多美德的人，給人感到真誠，讓人相處起來，舒服、和諧、樂於親近。美好的德行有那些呢？

第一、美貌使人悅目：美貌不是美醜的比較，也不只是外在、外表而已，它更包含了內在的莊嚴美麗。一個人外在潔淨不邋遢、環境的整潔不雜亂，加上內在的修為、氣質、風度、品格等等，這樣呈現的美，自己有信心，也會讓人歡喜。因此，我們更應把美推廣到世間，從環境週遭，到人與人之間，到個人內外，比方掛一幅好畫，分享一首好歌，乃至自己風采儀範的養成，都是令人賞心悅目的。

第二、道德使人敬仰：有云：「人間道德無價寶，比山比嶽萬倍高。」道德，它維護社會人群的綱紀於不亂，具有保護生活安全的功能，它更是人類最珍貴的品質。你有慚愧、有感恩、有慈悲、有信仰，具備這種種美好的道德，別人會對你生起恭敬心。

第三、貞潔使人尊敬：無論是男人，或是女人，都要有貞潔的品德。貞潔指的是，做人不要是兩面人、言行不要前後矛盾，他不會沒有是非的觀念、沒有忠奸的辨別，也不會像牆頭草，隨著風吹到東就向東，吹到西就向西。他講究信譽、講究誠實、講究無欺、講究清淨。所以貞潔的人，讓人家感覺到跟你做朋友，可以推心置腹，可以放心信賴，因此會使人尊敬。

第四、真誠使人信服：和人相處，真心誠意才能獲得朋友。不以耍手段、玩欺騙，用小聰明來佔人家的便宜。別人上當一次、兩次，可能還肯原諒你，多次以後，人家看破你的別有用心，看穿你是紙老虎，對你的做人信譽，就有所懷疑了。所以，唯有真誠，友誼才能恆長持久，人格才能讓人信服。

道德不是教條，道德更不是框框，它是自己發自內心願意去實踐的美德，是自我的淨化、自我的昇華，自然別人也會尊重他。具備以上這個四點「美德」，實在是對人間的一種好供養。

- 第一、美貌使人悅目。
- 第二、道德使人敬仰。
- 第三、貞潔使人尊敬。
- 第四、真誠使人信服。

蓄養

學生要蓄養各種能力，將來才能為社會所用；企業要蓄養人才，才能永續經營。人要蓄養體力，方能精神奕奕；人要蓄養興趣，人生才能豐富，乃至要蓄養人緣，才能為眾所信。對於「蓄養」，有以下四點建議：

第一、寡言得以涵智：《禮記・內則》曰：「慎而寡言者，使為子師。」有的人講起話來總是滔滔不絕，不經大腦思考就脫口而出，得罪人還不自知；有的人沉默寡言，一旦需要開口，總能口出智慧之語，令人尊敬。因此，一個謹慎的人，不會隨便開口說話；一個急性子的人，話總是特別多，卻也常因語出不當而後悔莫及。

第二、慚恥必能增德：宋朝詩人李邦獻說：「以禮義為交際之道，以廉恥為律己之法。」人若能時時生起對不起別人、對不起自己的心，一定能增上道德。過去有個畫家為了畫羅剎像，想找面貌兇惡的人做模特兒，有人建議他到監獄找，畫家到了監獄，看到裡頭有佛堂，便打消來意。管理員問他，他說：「被佛法之水沾沐的人，再怎麼兇狠，都會有慚愧心，這裡不會找到面貌暴戾的人了！」所以，擁有慚恥心，心地必是莊嚴美麗。

第三、寧靜足以自處：人生最痛苦的事情，莫過於身心無所安置。有的人一上講台，緊張到手腳不知道放哪，身心無處安頓。明朝周敦頤說：「無欲則靜，靜則明。」從寧靜中，才可以體會到更寬廣的世界。所謂「寧靜」，並不是一切停止不動，而是內心沒有聲音，即使在熱鬧場中，心仍不為外境所動，這才是心靈的寧靜。

第四、觀照當能明心：佛陀說法，要觀照眾生的根性；商人售貨，要觀照消費者的需求；人想過得自在，要經常觀照自我，觀照自己是否妄想紛飛，觀照自己是否寬以待人。觀照力不夠，就無法明白事情的真相，煩惱也就不得消除。所以，一個有智慧的人，要能觀照出苦樂皆由分別心所造作，才能自我健全。

所謂養精蓄銳、蓄勢待發；人們平時就要蓄養心性，養深積厚，儲備好自身的能量，方得普世利人。「蓄養」有四點意見：

第一、寡言得以涵智。

第二、慚恥必能增德。

第三、寧靜足以自處。

第四、觀照當能明心。

缺陷

佛教稱這個世界為「娑婆世界」，意譯是「堪忍、能忍」，指眾生必須忍受各種煩惱，堪受許多苦惱。可見這世界本來就是有缺陷、有苦惱、需要忍耐的世界。所謂「人無千日好，花無百日紅」，在有缺陷的世界裡，若一定要尋求完美無缺，必定會覺得挫折與痛苦。如果能認識到我們就是在這個有缺陷的世界中，不斷地求進步，不斷的克服缺陷，超越缺陷，那才是真正了解生命的價值。在此提出世間的四種「缺陷」：

第一、天無全功：天並不是十全十美，比方我們祈望風平浪靜，大自然界偏偏有颱風、颶風，且都帶來莫大的損失。

我們不希望有地震，偏偏每隔一段時間，就傳出地震的災害。缺水的時候，天不下雨；不需要水了，偏偏陰雨不停，甚至洪水成災。即使是老天，也沒有辦法符合我們的願望。

第二、人無全能：有些人會說「上帝萬能」、「神明全能」。如果神是全能的，這個世界就不會有這麼多痛苦，請神明把不好的改變一下，不就好了嗎？唐朝的元珪禪師曾說佛有三不能：「能空一切相，成萬法智，而不能即滅定業；佛能知群有性，窮億劫事，而不能化導無緣；佛能度無量有情，而不能盡眾生界。」佛都非全能了，神也無法全能，人更不能全能。

第三、物無全用：世間上所有的東西，沒有一樣東西能具足所有功用。再好用，再有用處的東西，還是會有它的限制。我們常說「一物剋一物」、「強中更有強中手」，就是此意。因此，不要強求一物即具萬用，但求物盡其用，也就足夠了。

第四、心無全善：《大乘起信論》說：「一心開二門」，每個人的心都有兩面，一是「心真如門」，是善的，是佛性的部分；另一是「心生滅門」，是邪惡的，是凡夫生起貪瞋癡慢疑

施金輝繪

的那部分。修行，就是在善惡之間交戰，不斷地去除我們的惡念、惡事，使我們的心得到淨化，讓善美的佛性顯現，直臻於至善。

這個世間是有「缺陷」的，可貴的是在缺陷中追求善美。許多傷殘的人，殘而不廢；許多有缺陷的人，用自己的力量補足缺陷，戰勝缺陷，那麼，即使有缺陷，生命也是美麗的。世間本就存在著缺陷，能努力克服缺陷，便能顯現生命的價值。

第一、天無全功。

第二、人無全能。

第三、物無全用。

第四、心無全善。

水的德行

日本歷史上著名的大將軍黑田孝高，因善於利用水作戰，而被稱為「如水」。他曾寫過「水五則」，說明水有五個特點：一、自己活動，推動別人；二、不斷探求方向；三、遇到障礙，發揮力量；四、自潔潔他，容清納濁；五、百種變化，不失本性等。我們常說人有德性，其實自然山水也有德性，以下歸納水有四點德行：

第一、水的仁慈能沐浴眾生，澤及萬物：水的德行非常仁慈。你看，我們用水解渴，獲得滋潤；用水沐浴，獲得淨潔；以水灌溉花木，生生不息；以水熄去熱惱，清涼歡喜。水的慈悲，澤及萬物。

第二、水的義氣能揚清激濁，蕩滌污垢：水也顯現它的義氣。水有淨化的作用，只要流過塵坋粗惡的地方，就能把骯髒、污垢去除。再髒的東西，一經過水的洗滌，馬上就乾淨了。因此，水能助人，也能幫助萬物淨化。

第三、水的勇猛能柔而難犯，弱而克剛：水有柔軟的性格，但也勇猛的特性。你看，潺潺流水，流過村莊平地，溫和而婉約。但是，所謂「滴水穿石」，再高的山，水都能穿蝕而過；當它從高山一傾而洩，形成的瀑布，壯闊有力，美麗而壯觀。乃至世界上最利的刀不是鋼刀，而是水刀。因此，水看似柔弱，卻能克剛；水看似依順，卻也勇猛剛毅不能侵犯。

第四、水的智慧能疏通江河，自成盈滿：許多湖泊具有疏通江河，調節水勢的功能。像洞庭湖，夏季洪水時期，湖面較大，冬季時，則湖面縮小，具有調節長江水量的作用。因此，水也其智慧，太多、太少，互相調節，自成盈滿。

此外，老子說：「上善若水，水利萬物而不爭。」孔子也曾讚美水有五德：有德、有義、有道、有勇、有法，所以「君子遇水必觀」。

因此，人也應該學習以上這四點水的德性，給世間仁慈，給世間義氣，給人間勇猛，給人間智慧。

第一、水的仁慈能沐浴眾生，澤及萬物。

第二、水的義氣能揚清激濁，蕩滌污垢。

第三、水的勇猛能柔而難犯，弱而克剛。

第四、水的智慧能疏通江河，自成盈滿。

有骨氣

氣，代表一個人的氣質、涵養。有的人容易生氣，動不動便發脾氣；有的人則充滿俠氣，與人交往講究義氣。一個容易意氣用事的人，做事血氣方剛，得意時便意氣風發，不如意時便怒氣衝天；反之，一個沉得住氣的人，處世能心平氣和，該維護正義時，又能正氣凜然。做人要爭氣，不要生氣，修行人講究道氣，做人則一定要有骨氣。如何做個「有骨氣」的人，有四點意見：

第一、身有傲骨，可殺而不可辱：一個人在自己的一生當中，有時候做人處事要帶著這麼幾分的傲骨，但是不能傲慢。也就是要有自尊心，懂得自尊自重；這種有傲骨的人，所謂「士可殺而不可辱」，你可以殺死他，可以要他的命，但是你不能侮辱他，不能傷害他的尊嚴。

第二、身有奇骨，可畏而不可犯：有的人身有奇骨，這種人很特殊，你可以敬畏他，但不可以冒犯他。你尊重他，他可以為你賣命，甚至為你赴湯蹈火，他都心甘情願；但是如果你看不起他，或是冒犯他，他可能跟你拚命。

第三、身有貞骨，可鍛而不可銷：有的人屬於「三貞九烈」之士，這種人「忠貞不二」。對於這樣的人，你可以磨鍊他、訓練他；但是你不可以放棄他，不可以把他銷毀，這種人是人間的至寶。

第四、身有道骨，可佩而不可憐：有一種人非常重視自我的尊嚴、自我的道德、自我的人格。這種人你可以佩服他，但不能可憐他。你佩服他，他可能成為你的好朋友；如果你可憐他，他可能從此與你形同陌路。

所以，世間上的人，應該努力培養自己的氣質，做人至少要講究有一點骨氣。有骨氣的人，走到那裡，都能受人尊重，都會受人禮敬。如果沒有骨氣，無論走到那裡，都擺脫不了被奴役的性格，都不會受人尊重。

因此，一個「有骨氣」的人，自有其不同於一般人的人格特質。如何成為「有骨氣」的人，有四點：

第一、身有傲骨，可殺而不可辱。

第二、身有奇骨，可畏而不可犯。

第三、身有貞骨，可鍛而不可銷。

第四、身有道骨，可佩而不可憐。

廉潔的形象

「清正廉潔」是一個人最基本的操守，當你擁有了清廉正直的形象，就能得到他人的信任，不管到什麼地方都有人肯跟你合作，到處都能結交到朋友。做官者，不貪污不營私是清廉；經辦公務，不中飽私囊，不拿回扣，是清廉；就業謀職，不假公濟私，不以私害公，是清廉；經商往來，不損人益己，是清廉。略說「清廉的形象」四點如下：

第一、不假公濟私：有些人做事公私不分，或假公濟私，或貪取公物，或損失公益以求自利。不要以為這些小事，別人不會知道，紙包不住火，「若要人不知，除非己莫為」。一旦讓他人發覺你假公濟私，就會失去長官的信任、部下的尊重。莫為貪小利而喪失清廉的形象，得不償失。

第二、不自飽私囊：私，是人性的弱點。有這麼一個故事：有個小孩在學校偷了同學的原子筆，父親知道後，立刻給兒子一記耳光：「你怎麼可以偷人家的筆呢？你要原子筆，

高永隆繪

爸爸可以從上班的地方拿一大包給你。」這還都是個人私行，牽涉社會公共事務，尤其最怕的是「小人貪利，事本非常，所可恨者，銀兩中飽私囊。」所謂：「人之惑，惑於私，除私則明。」去除私心，不自飽私囊，就是一個清廉者。

第三、不接受賄賂：在古代社會，僅有當官的人有機會接受賄賂；現代社會則連升斗小民都有機會接受賄賂。像選舉時，神聖的一票五百塊、一千塊。如果你賣票，你的人格才值五百元、一千塊。人家會賄賂我們，必定有所求、有所貪，我接受了賄賂，讓公家受了損失，讓法律受到挑戰，這是划不來的。因此，清廉者不接受賄賂。

第四、不以亂官風：做官要有做官的風格，領導人要有領導人的風格，大人物就要有大人物的風格。《論語》說：「君子之德，風，小人之德，草；草上之風，必偃。」如果在上位者亂失了風格，不能以德化民，以廉服眾，國家社會、團體機關形象就會受到摧殘，其損失將難以估算，可說是最失德的事。因此為官者，理應重「清廉」甚於生命。

佛教戒「殺盜淫妄酒」，什麼是「不盜」？佛經說：「清廉節用，就是不盜。」我們應淨化自己，培養正直的人格，建立清正廉潔的形象。如何建立？提供四點供參考：

第一、不假公濟私。

第二、不自飽私囊。

第三、不接受賄賂。

第四、不以亂官風。

儉的真義

節儉，一向是中國人崇尚的美德，小至個人，大至一國，如《曾文正公家訓》云：「居家之道，惟崇儉可以長久，處亂世尤以戒奢侈為要義。」節儉與我們息息相關，關於「儉的真義」有四點意見提供：

第一、儉是窮人的財富：所謂：「穿不窮，吃不窮，算盤不到一世窮。」人已窮，又不知節儉，更是窮上加窮。反之，經濟上雖不富裕，但知道預算，知道節省，也會因節儉而致富。有一位員外的兒子生性奢華，每次到飯館吃水餃，都只吃肉餡，而把餃子皮吐掉。後來家裡遭祝融之災，一夕之間，家產化為烏有，淪為乞丐。有一回，討飯到這家飯館時，老闆用餃子皮招待他，員外的兒子甚為感動，老闆卻說：「沒什麼，我只是把你當初扔掉的餃子皮，揀起來洗淨曬乾而已。他聽了十分慚愧，於是發奮圖強，謹身節用，家道又因此盈富起來。」

第二、儉是富人的智慧：西漢開國丞相蕭何，受封食邑一萬餘戶，權傾朝野，卻仍居茅屋陋室，他以為，我子孫若賢良，可傳我儉僕家風，倘若子孫不賢，房子再華麗，也終將被權貴傾奪；宋朝魯宗道雖位居參知政事，然因家貧，家無日用器皿肴果來宴客，因而更受宋仁宗的器重。因此，人雖富有，若不知節儉，富貴也會隨著潮水流走；若知節儉，節儉就是你的智慧，讓你富貴，讓你平安。

第三、儉是治國的功臣：《左傳》云：「民生在勤，勤則不匱。」力戒奢侈，生活儉樸不但是治家之本，也是機關團體永久經營，國家社會富強安樂的重要條件。今天的社會，崇尚物欲，奢華過度，不懂得珍惜福報。殊不知福報是有定量的，就像財產有數量，你把福報、把金錢用完了，以後怎麼辦呢？因此，生活上克勤克儉，嚴謹奢靡，則家和國亦興。

第四、儉是品格的根本：身為官員，懂得節儉，就不會貪污受賄；一個家庭，

懂得節儉，就不致於奢侈浪費。春秋時魯國大夫禦孫曾說：「儉，德之共也；侈，惡之大也。」司馬光更以此教誡子孫：「夫儉則寡欲，君子寡欲，則不役於物，可以直道而行。」無論任何人，若能以儉自許，品德自能高尚。

「戒奢以儉」是重要的觀念與品德，不但是養生、致富的秘方，更是治家、富國必備的方針，所以「儉的真義」，不可不知。

第一、儉是窮人的財富。

第二、儉是富人的智慧。

第三、儉是治國的功臣。

第四、儉是品格的根本。

儉的功用

一般人講都說要「節儉」，金錢要節儉，才能致富；時間要節儉，才能用很少的時間，做很多的事情；甚至感情也要節儉，不隨便濫用感情，才會彌覺珍貴。因此，節儉金錢、節儉感情、節儉時間，都是很重要的。

「儉」還有許多功用，簡述如下：

第一、儉於聽，可以養正：所謂「人言未必真，聽言聽三分」；有時候，我們要懂得分辨，應該聽的，要諦聽、善聽、兼聽、全聽；不當聽的，要儉於言聽。例如，不聽是非，不聽讒言，不聽壞話。好比古人所言「耳聽者，聽於未有聲之時」，禪師說的聽「隻手之聲」，你能聽出真理出來，聽出真心出來，誠正於心，那麼，再也沒有什麼會混淆你的內心了。

第二、儉於視，可以養神：眼睛看時，當看者要注意看。例如，指示標誌，你留心看，就不必到處問人；他人說話，你專心注目，就是一種禮貌。有的時候不當看的，不但少看，更要不看，儉於閱視，省力養神，就可以避免看出麻煩來。會看的人，看好不看壞，看正不看邪，看是不看非，看出真善美，看出慈悲心，看出關懷情。所謂「明者視於無形」，能看出形外，看出真相，那就是真看了。

第三、儉於言，可以養氣：說話是一門學問，應該說的，即使對自己不利，對社會國家大眾有利益者，還是應該勇於直言。反之，不當的言論，就不能隨便發言。所謂「病從口入，禍從口出」，說錯了，可能賠了夫人又折兵，難以彌補，或又惹上官司，那真是得不償失了。因此，話多不如話少，話少不如話好，儉於言，正好可以養氣。

第四、儉於思，可以養真：順治皇帝曾言：「悲歡離合多勞慮，何日清閑誰得知？」人的憂悲苦惱，大都起於太多的思慮分別揀擇，不肯輕鬆放下。如果，想擁有內心的清閑自在，就要儉於思。你不隨便妄想，簡化思慮，單純以對，就可以養自己一片真誠直心。

日日儉約，可以積穀；年年防儉，必有儲糧。儉如聚寶盆，儉如淨化器，這四點儉的功用，可以作為我們人生的參考。

- 第一、儉於聽，可以養正。
- 第二、儉於視，可以養神。
- 第三、儉於言，可以養氣。
- 第四、儉於思，可以養真。

挺胸的意味

從小，在家庭裡，父母會教我們走路要抬頭挺胸，不可彎腰駝背；在學校裡，老師會要求我們挺起胸膛，大步向前；長大以後，在軍隊裡面，長官更是要求部下要昂首挺胸。

「挺胸」意味著精神飽滿，情緒振奮。例如我們形容參加軍歌比賽的士兵個個昂首挺胸，引吭高歌。航空公司的空姐、少爺個個昂首挺胸，表現出他們為人服務的風儀與氣質。

在佛教裡，也非常注重挺胸的意義，所謂行、立、坐、臥四威儀，「行如風、立如松、坐如鐘、臥如弓。」立如松就是意味昂首向前，直脊挺胸，不但表達自己的精神，也表示對人的禮貌。

但是「挺胸的意味」在全世界每個國家地區的意義，又有不同的表現方式：

第一、美國人的挺胸是健康：我們看到美國人，走在街上，或在沙灘上曬太陽，乃至在機場趕飛機，他們都是身體筆直，挺胸健步。從他們挺胸走路的步伐，可以看得出來美國人很重視健康。

第二、英國人的挺胸是矜持：英國的紳士、淑女，不苟言笑，注重風度儀表，他們以挺胸矜持來表示身分和地位，所以英國人的挺胸是矜持。

第三、德國人的挺胸是自信：德國的科技非常發達進步，德國人走在街上，從眉宇之間，從挺胸的姿態，可以看得出來德國人很有自信，很能自我肯定。

第四、中國人的挺胸是風骨：中國的讀書人，即使是年老的夫子，不論他是自處，還是在學生的面前走路，或是入朝為官，向皇帝奏明國家大事，他都是挺起胸膛，昂昂乎！巍巍乎！這是他以挺胸表示他是有風骨的人，有品德有骨氣的人。

即使是文人士子，有時候生病，他在你前面走路，仍然要挺起胸膛，為什麼？因為他不願意把病夫的樣子、慵懶的樣子給你看到，這亦是顯示他的風骨和人格。

挺胸的意義，因為民族性的不同，在各個國家都有不同的表現意味。

以下有四種挺胸的含義，不知，你是那一種挺胸呢！

- 第一、美國人的挺胸是健康。
- 第二、英國人的挺胸是矜持。
- 第三、德國人的挺胸是自信。
- 第四、中國人的挺胸是風骨。

卷二 處眾

觀察別人的言行，
可以從中觀照、了解自己，
做為自己修養的借鏡。

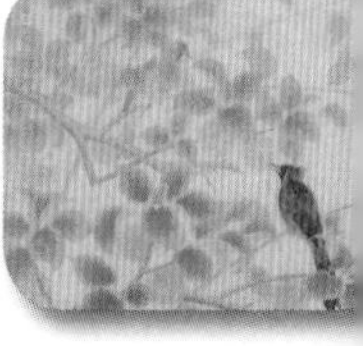

決策指南

國家的最高領導人，我們稱他為決策者；社團之中，最高領導人也被稱為決策者；家庭裡，一家之長也是一個決策者。

大自國家，小至企業、團體，都會有一位決策者，什麼樣的人才可以擔任決策者呢？提供四點參考：

第一、要客觀諸緣：做一個決策者要有因緣的觀念。有了因緣觀，所謂「橫遍十方，豎窮三際」，對前後因果，左右關係，有了全方位的了解，就能客觀判斷、面面俱到。倘若疏忽一面，事情就會處理得不夠圓滿。尤其決策者不能主觀行事，因為過度主觀，容易喪失看待事情的廣度，失去正確的判斷。

第二、要理性分析：一個失去理性分析能力的領導人，往往無法做出正確的決策，因為處於非理性狀態下，混亂充塞身心，如何能將事情透徹釐清？唯有時常保持理性的頭腦、心智，才能看清事情的真相，並進一步分析事情的利弊得失，把各種關係、環節做有系統的衡量，取其要者，取其利者，而後做出決策，如此才有助於事情的進行與發展。

第三、要不落情緒：決策者最忌情緒化，如頑強、固執、自大，不管別人歡喜與否，只憑自己的情緒來做決策。古時有位彌子瑕受到國王極大的寵愛，當時有個規矩，任何人坐國王的座車，都會受到懲處。有一回，彌子瑕乘坐國王的車子回家探望生病的母親，傳入國王的耳中，國王讚歎說：「這是他孝順的表現。」後來彌子瑕失去寵愛，國王當著大臣罵道：「彌子瑕太可惡，竟然偷偷乘坐我的車子，真是罪大惡極。」如此一褒一貶，無一定準則，只是個人的感情用事，往往會失去客觀而做出錯誤的決策，故要時時謹慎，自我提醒，不要落入情緒的迷霧之中。

第四、要主動積極：做一個決策者，不能猶豫因循，不能迷糊了事，凡事應主動、積極。尤其做決策時，假如沒有魄力、沒有勇敢、沒有擔當，眾人也會無所適從，難以奉行。因此，培養主動積極做出決策的能力，是一位決策者必須學習的。

無論國家、企業、學校乃至家庭，決策者的一言一行、一舉一動，關乎大眾的福祉，關乎團體的運行，不可不慎。

- 第一、要客觀諸緣。
- 第二、要理性分析。
- 第三、要不落情緒。
- 第四、要主動積極。

無為之德

在佛法裡有所謂「世間法」與「出世間法」，世間法又叫有為法，出世間法就叫無為法。甚至於道家的修煉，也講究「清淨無為」。「無為」有時候對於我們的人格修養是很重要的。所謂「無為之德」，無為的德行到底是什麼？有四點說明：

第一、優秀的人不逞強：一個

高永隆繪

優秀的人才，在群眾裡面不會爭強好勝，不會一再表現自己；他懂得韜光養晦，懂得養深積厚，更懂得留給別人空間，所以平時行事低調，甚至讓人覺得他非常的保守、非常的謙讓，這是真正有內涵的人，也才是真正優秀的人。

第二、善戰的人不受誘：一個勇敢善戰的將軍，他有攻有守，不容易受敵人計誘；反之，好逞匹夫之勇的人容易上當，容易受敵人引誘，因為他總是好大喜功，冒險前進，因而被包圍，被引入陷阱。

第三、常勝的人不自誇：一個經常在競賽場中獲勝的人，例如現在體壇上許多奧林匹克的冠亞軍，或是經常參加各種比賽的優勝者；他愈是得勝，愈是謙讓，他不會炫耀自己，不會自誇，甚至於敗在他手下的人，他都會謙虛的和對方握手，和對方表示友好，所以常勝的人不自誇。

第四、能巧的人不相較：懂得靈巧的人，他和人相處，不會鋒芒畢露，不會爭著出頭；他凡事看在眼裡，何時該進，何時應退，都能了然於心，因此不會針鋒相對的和你比較、計較。反之，不懂靈巧的人，時時想要爭先，處處想要當頭，但因自己不夠靈巧，因此經常和人爭風吃醋、爭功諉過，如此反而更加顯露自己的愚昧與笨拙。

無為之德，有時候看起來像是不著力、不介意，但是這種「無所為而為」的處世藝術，有時候卻很管用！所以「無為之德」有四點：

- 第一、優秀的人不逞強。
- 第二、善戰的人不受誘。
- 第三、常勝的人不自誇。
- 第四、能巧的人不相較。

天地之德

《禮記》云：「天地之道，博也，厚也，高也，明也，悠也，久也。」宇宙天地無始以來，自有其軌則，天有天道，地有地道，人有人道。人類生存於天地之間，要感謝天地賜予的一切，更應該盡力維護這個大環境，以回饋天地之德。

第一、感恩天地，覆我載我：戰國時魏武侯乘船遊黃河，讚嘆：「江山很美，有險峻屏障，魏國何等堅固。」同行的吳起說：「山河天險，固然能保祐國家，但是還需要國君的德行，如夏桀、商紂雖有鞏固疆土，沒有道德，只有亡國。」所以，天地覆我載我，我們更應該修養道德，為萬世後代做更多的好事。

第二、感恩天地，育我養我：上蒼有好生之德，大自然生長萬物，供給人們日常所需。而空氣、大地、植物、動物，彼此之間，皆是物物相扣，息息相關，隨地砍一棵樹，都會影響整個生態環境。萬物相互供應，此有故彼有，此生故彼生，彼此相互消長，怎能不尊重生命，感恩天地的養育之德呢？

第三、感恩天地，容我愛我：虛空含藏萬物，無論是淨、濁、美、醜，天地都不曾揀擇嫌棄。天地之間，就屬人類耗用最多的資源，也破壞最多的自然景觀。人類過多的貪婪自私，終於讓大自然反撲，海嘯、地震、颶風、洪水……種種天災的警訊，都在提醒我們，不能再一味的予取予求，當記取並珍惜天地無私包容的大愛。

第四、感恩天地，生我長我：莊子云：「夫大塊載我以形，勞我以生，佚我以老，息我以死。」我們生於天地之間，最後也回歸於天地，應知生活上的所有，都是天地所賜。所謂「一粥一飯，當思來處不易；一絲一縷，恆念物力維艱」，一飲一食，一物一用，都應惜福感恩。

人類、萬物，生於天地，長於天地，用於天地。大地是生命之母，虛空是有情之父，所有生命都有賴天地之德，才得以生存與生活。天地之德有四點：

第一、感恩天地，覆我載我。

第二、感恩天地，育我養我。

第三、感恩天地，容我愛我。

第四、感恩天地，生我長我。

上下之選

語云：「上隱隱於市，中隱隱於朝，下隱隱於林。」真正的修行，是能於熱鬧場中做道場的人。一般人，上等人能為天下百姓服務，中等人願為知己奉獻，下等人只知為一己鑽營。所以如果把人分成等級，上下之選的標準有四點：

第一、上上者，為人民之僕：上等人，他可以做人民的公僕，無論自己的身分地位有多高，都是本著為民服務的心，誠懇、踏實的在做，而不會以權勢來壓人，這種人最能符合選民的要求。尤其現在是民主社會，講究以民為貴、以民為主，能夠尊重全體人民大眾，必定是一個上等的賢明之人。

第二、上中者，為國家之僕：這種人也是屬於上等人，他忠於國家，凡有所做，都能以國家的安全利益為重。他日夜為國家犧牲奉獻，為社會人民服務，能有這樣的用心，是為國家之僕，屬於上中者。

第三、下中者，為名位之僕：這是下等人，他的人生只有自己，每天只為自己的名、自己的利、自己的地位而忙，這種人甘為名位之僕，是屬於下中者。

第四、下下者，為私利之僕：這是最下下等的人，他的心中所思所想，完全只有個人的利益，根本沒有國家社會，也沒有人民大眾。這種私利之僕，最為人所唾棄，是屬於下下等的人。

一個人的身分高貴與否？不在於地位高低、權勢大小，而是看他的言行、德性能否服人。今天的社會，對於居高位的人，我們不一定看他的官位很高，主要是看他的思想、言行，如果能尊敬人民，那是上等人；能熱愛國家，是上中者；汲汲於自己名位的，是下等人；如果只為自己的私利而計較、權謀，那就是下下等了。所以我們每一個人，尤其是公教人員，或是競選公職的政要，如縣市長、立法委員、縣議員、省議員等，大眾應該自我衡量一下，以下四等人，你是屬於那一等呢？

- 第一、上上者，為人民之僕。
- 第二、上中者，為國家之僕。
- 第三、下中者，為名位之僕。
- 第四、下下者，為私利之僕。

施金輝繪

居下之學

一般人都喜歡位高勢大，可以受到他人的禮遇和尊重。其實樹大招風，名大招忌，不如學習古德居下之學，獲益更多。清朝名臣曾國藩，以過人膽識為朝廷立下汗馬功勞，位高權重，門生故吏遍天下，卻在平定太平軍後，自裁湘軍，遠離權勢。他曾說：「君子有高世獨立之志，而不讓人輕易看出來；有退避三軍的氣慨，卻不輕易顯示出來。」這些都能顯示他的居下之心。居下之學有那些呢？

第一、不自我表揚，反能顯明：有些人歡喜自我宣傳自己如何有學問、如何有能力、如何有人緣。其實自己的學問道德能力，不一定要自己表揚，只要你一開口，人家就知道你有沒有。你不表揚出來，別人反而會注意到你。因此，不如學習古德「君子雖有盛德，容貌看似愚夫。」反而更能彰顯出謙虛的美德。

第二、不自以為是，易受肯定：禪宗六祖惠能大師自稱不識字，其實是他的謙虛德性，類似現在人謙稱自己是「胸無點墨之人」的說法。這也是勉勵有智慧的人，要「大智若愚」。因此，一個人不要自以為所見、所為，都是對的。自以為是，只會讓你失去很多的助緣。如果能不自滿、不自是，不自我宣傳，他人反而更能肯定你，更能顯出你為人隨眾隨緣。

第三、不自我誇耀，卻能見功：一個人在團體裡，如果經常誇耀自己的功勞，不斷炫耀自己的貢獻，過分標榜個人，不但不能獲得長官的欣賞，有時還會因故不能升遷，這都是不懂得「功成不居」。所以有些人仕途坎坷、前途艱難，也就不難理解了。《道德經》說：「生而不有，為而不恃，功成而不居。」佛教也認為一切都是因緣所生法，若有成就，個人也只是眾緣之一。所以，不自誇，別人反而容易看到你的功勞。

第四、不自我堅持，而能長久：一個人不要太自我堅持、自我標榜。而是要多尊重別人的意見，多從善如流，那麼你的人格必為人尊，事業必能獲得別人長久的支持。

不恥下問，所以學問有成；放下身段，所以心更柔軟；禮賢下士，仁人義士才會集聚而來；虛心下氣，德風自會遠播。居下之學，大有內涵！

第一、不自我表揚，反能顯明。

第二、不自以為是，易受肯定。

第三、不自我誇耀，卻能見功。

第四、不自我堅持，而能長久。

輕重的順位

事有輕重緩急，人有先來後到，一切都有順位，有順位才能按部就班。就如人生的生涯規畫，也要按照輕重順位，設定短程、中程、長程計畫，才能逐步實現。乃至人生的目標，懂得權衡輕重，知所抉擇，才能創造生命的價值。茲有四點意見提供參考：

第一、積財不如積學：《漢書》有云：「遺子黃金滿籯，不如一經。」無獨有偶，根據調查，西方國家多數的慈善家認為，辛勤工作和創業經歷，才是每個人的寶貴財富。留給子孫太多的遺產，只有助長他們不思進取；因為千金總有散盡的時候，只有學問知識是恆長、真實的財富，所以說「積財不如積學」。

第二、求名難比求道：功成名就，自古以來即為人們所追求。然而，你求名，可能反被名的枷鎖所困住；你追利，可能反被利的誘惑所束縛。所謂「孔雀雖有色嚴身，不如鴻鵠能高飛；世人雖有富貴力，不如學道功德深。」丹霞禪師因為一句「選官不如選佛」，放棄進京趕考，成就永恆的道業；龐蘊居士一家人的灑脫放下，更是令人欣羨。比起求道人的安然怡悅，名利富貴猶如枷鎖，總不如有道者能灑脫自在。

第三、愛己更要愛人：諺云：「人不自私，天誅地滅。」可見得人都是愛自己甚於愛他人，而且愈是與自己關係密切的人，愛得愈多。例如，愛自己的親人甚於愛朋友，愛自己的同事甚於愛不相識的人，愛自己的國人甚於愛外族。所以，愈靠近自己的人，愈有愛執。吾人要增加修養，必須放寬胸懷，要愛世人猶如自己，則世界物我一如、自他一體，人生自當更臻於圓滿。

第四、護位更應護眾：一個團體裡，每個人各安其位，才能發揮角色功能，但在保固其位的同時，更要周顧大眾。像在棒球場上，有時投手得補壘手位置，才能接球封殺；在籃球場上，身為中鋒要能攻能守，才能成

施金輝繪

為隊中樞紐。再看歷史上，王莽篡位，人心思漢，因為失去大眾的擁護，最後王位不保；孫中山先生為了民主，雖把總統的寶座讓給袁世凱，卻反而獲得全國人民的愛戴。所以，不管身為領袖，或是為人主管，都需要大眾的護持，才能保全其位。

總說以上四點，錢財、名位固然值得追求，但是學問、道德更加重要。尤其一個人的心中要有大眾，生命的境界才會更寬闊，所以「輕重的順位」值得吾人參考：

第一、積財不如積學。

第二、求名難比求道。

第三、愛己更要愛人。

第四、護位更應護眾。

調適有度

做任何事情，過猶不及都不好，唯有適度才能為生活帶來平靜，好比偶爾下雨可以滋潤大地，雨水太多則氾濫成災。生活要「調適有度」，六點意見提供參考：

第一、飲食不逾量須適當：飲食適量能提供人體所需的營養、補充消耗的能量，但是飲食逾量對身體卻是一種負擔，可能導致肥胖及心血管疾病的發生，影響生活作息及工作態度。《管子》曰：「飲食節，則身利而壽命益；飲食不節，則形累而壽命損。」飲食要知節量，才能常保身體輕安、愉悅。

第二、欲念不放縱要節約：人類為了生存，會有求知、求新、求好、求美的欲念，沒有欲念等同活死人，終日無所事事、糊里糊塗。但欲念不能放縱，舉凡年輕人逞一時之快，飆車追逐，與生命安全開玩笑；有人為了貪圖便宜，不擇手段，終致名譽掃地。因此欲念要發乎於內心的良善，不能傷害人。

第三、脾氣不亂發應平和：有的人遇到不歡喜的事，不是埋怨責怪，就是大發雷霆，其實發脾氣不但於事無補，更可能壞了好事。好發脾氣，人家不願意接近你，你便失去人緣；發了脾氣，惹得自己心緒不穩，問題則無從客觀解決，所以脾氣要慢半拍，尤其不能亂發脾氣。

第四、操勞不過度會健康：一個人即使工作再忙，也要做適度的身心調節。有的人做事埋頭苦幹，連吃飯時間也不放過，日子久了，身體便因無法負荷而百病叢生。其實，事情有輕重緩急，只要規劃得宜，則能悠遊於工作中，效率不減反增，但健康一但失去，想好好做事，則心有餘而力不足，得不償失！

第五、緊張不畏懼用定力：每個人都有過緊張的經驗，比方第一次上台面對大眾、第一次嘗試新工作、代表學校參加各項比賽……等，緊張是難免的，但是有的人卻因為過度緊張而造成恐懼，心慌意亂，忙亂了手腳，使得目標無法達成。為了克服緊張恐懼，唯有運用定力才能穩住情緒，心情落差減少，則臨事不亂。

第六、思慮不散亂能善思：軍隊沒有紀律，則國家安全堪虞；團體沒

施金輝繪

有綱紀，則失去團隊精神；人如果思緒紛飛，做事則紕漏百出。佛陀說：「制心一處，無事不辦」，養成思慮不散亂的習慣，思考要縝密，做事自然條理分明，事情的結果也就越臻圓滿。

為使身心均衡發展，應適時、適度的調整自己，以因應環境的改變，「調適有度」有六點：

第一、飲食不逾量須適當。

第二、欲念不放縱要節約。

第三、脾氣不亂發應平和。

第四、操勞不過度會健康。

第五、緊張不畏懼用定力。

第六、思慮不散亂能善思。

如何高廣明大

大凡人總會想到，自己的生命如何提高一點？如何擴大一點？如何擁有多一點？其實要高、要大、要有，是必須要有條件的。如何高廣明大？提供以下四點意見：

第一、上天稱其高，無有不覆：天很高，沒有東西比天更高、更大的了。舉目世間，那一樣東西不覆在它之下？天所以能無有不覆，就是在其高、在能大，給予萬物庇蔭。而我們人也要高嗎？也要大嗎？我們可以用什麼樣的恩惠來覆蔭大眾？能用什麼樣的德澤來利益大眾？你能給人歡喜、給人希望、給人因緣，才能像天一樣護覆眾生。

第二、大地稱其廣，無有不載：古人形容山是「及其廣大，草木生之，禽獸居之，寶藏興焉。」擴而大之，大地也是一樣。你看，這大地普載萬物，生長萬物，給予人多少的生機。假如大地沒有生長萬物，我們吃什麼？大地不普載我們，我們立足何處？所以，我們要想廣大，能普載眾生嗎？我們可以想一想，生產什麼來成就眾生，用什麼力量來承載眾生。

第三、日月稱其明，無有不照：有云：「日月稱其明，無有不照。」天上的太陽、月亮，它的光明照耀萬方，只要不起烏雲遮蔽，日月無私，它不會照你、照我，而不照他。佛教裡也常常講「佛光普照三千界」，只要你合乎條件，不起無明、邪知邪見，內心就會豁然清淨，遠離憂悲苦惱。

第四、江海稱其大，無有不容：江河長遠，大海無邊，是大魚，能暢遊，是小蝦，也能生存，在這裡面，它什麼都能容。所以，你若能包容一切眾生，你的心，也能像大海一樣廣大無邊。所謂「心如大海無邊際」，如同江海一樣，蘊藏無限能量，二六時中，隨喜說好話，隨手能服務，隨處結善緣，隨時存好心，人間就會很美好。

許多人歡喜出錢做好事，比出錢高一點的是出力，比出力再高一點是出好話、出好口、出好心；也有許多人一生汲汲營求，希望金銀財寶再多一點，達官厚祿再高一點；可是，有形有限的物質，總有吃光用空的時候，高官富賈做得再得意、再發達，也總有去職退隱的時候，不如一句佛法來得受用無窮。人生如何高廣明大起來？有以上四點。

第一、上天稱其高，無有不覆。

第二、大地稱其廣，無有不載。

第三、日月稱其明，無有不照。

第四、江海稱其大，無有不容。

化繁為簡

聰明的人做事，將事情單純化，所以增加效能；愚笨的人做事，卻把事情複雜化，只有事半功倍。繁也不是不好，有時為了表示慎重，有時是表示繁榮茂盛，但繁也有它的缺失，尤其在二十一世紀的時代，最好「化繁為簡」，以下有四點意見提供：

第一、禮繁難行：過去的時代，臣子對君主要三跪九叩，對權貴者俯首跪拜，結婚有「六禮」，往來有「五禮」，實在讓人感覺繁文縟節太多，使人不自在，不但不容易做到，甚至反感，最後只有窒礙難行。所謂「欠禮為過、中禮為樂、多禮為奢」，禮節自然、大方、得體，受禮者受之無愧，行禮者行之無卑，適當的禮儀最好。

第二、法繁易犯：法律太複雜，多如牛毛，讓人無所適從，甚至記不得，反而容易犯戒。好比國家制定太過龐雜的法令，束縛得大家不能動彈，乾脆就不遵守。尤其太多法規相互牽制，造成行政效率降低，不但沒有保護守法的百姓，還讓有心人士鑽法律漏洞，所謂「你有政策，我有對策」，總想僥倖逃避。法是準則，不是枷鎖，它要有寬容、自由的意涵，把握基本精神，因應時代，與時俱進，才能讓人在日常生活中，自然守法，應用自如。

第三、言繁多失：一個真正能言之人，必定掌握慎言、寡言、時而後言的要則，懂得見機而說、言簡意賅。所謂「多門之室生風，多言之人生禍」，不必說而多說，易傳為是非，該說而未說，易產生誤會。因此要言之有物，以免徒逞口舌，浪費自己和別人的時間，不僅招怨，也容易生出事端來。

第四、事繁人躁：現代人常常抱怨時間不夠用，一旦事情多，人就容易心急氣躁。說話，幾個人一起講，不曉得聽誰的；事情，幾件事一起來，不曉得先從那裡處理。因此，無論做什麼，都要簡單一下，不要繁複、不要重疊，一樣一樣來，才能有條不紊將情緒管理好，將事情處理好，才能悠遊工作中，增加效率。

人生短暫，工作的時間有限，精神、體力、智慧更有限，如何在我們的事業、生活裡面化繁為簡，這是每一個人都必須要學習的。

- 第一、禮繁難行。
- 第二、法繁易犯。
- 第三、言繁多失。
- 第四、事繁人躁。

寧可與不可

我們每一個人總要有一個輕重權衡。比如，聖人有「寧可守道貧賤而死，不可無道富貴而生」的志節，道人有「寧可受人欺騙，不可自欺欺人」的修養，而一般日常生活中，也有「寧可吃虧，不可結怨」的處世哲學，這些都是我們進德修業的指南。人生中的價值權衡，還有那些「寧可」與「不可」呢？以下四點：

第一、寧可以無錢財，不可以無慈悲：有一句話說：「錢有限，心無窮。」沒有錢，我可以少用一點，沒有心、沒有慈悲，就沒有了寶藏，沒有了發心，沒有了道德。慈悲，能化干戈為玉帛，消怨懟於無形；慈悲，能結善緣轉逆境，化暴戾趨祥和。它是個人立身處世的根本，是家庭幸福美滿的動力，是社會安和樂利的基石。所以說，寧可以無錢財，也不可以失去慈悲心。

第二、寧可以無宗親，不可以無職業：人生在世，有宗親貴族的提攜當然最好，但是沒有親朋好友，也不要緊。所謂「靠山會倒，靠人會老，只有靠自己最好。」你有一份正當的職業，不遊手好閒，自己有實力、有正業，就不怕沒有貴人相助，這才是最重要的。

施金輝繪

第三、寧可以無力量，不可以無健康：人不只是活著，而且要活得健康。有的人手無縛雞之力，做事、說話都沒有力量。沒有力量倒還不嚴重，身體不能不健康。夢窗國師說得好：「無病第一利。」你要照顧身體健康，倘若自己不照顧好，不只是個人麻煩，你的親朋好友都會跟著受罪。因此說，人生最大的福報，莫如無病健康。

第四、寧可以無朋友，不可以無希望：朋友很重要，但是在某些時候，寧可以沒有朋友，也不可以沒有希望。因為一個人在世，沒有朋友，還可以再結交，最可憐的就是沒有希望。所謂「哀莫大於心死」，對前途沒有希望，對世間沒有希望，這是最大的悲哀。因此，自己要

有信心、希望，希望可以去除恐懼，去除無知，人生就有未來，就有光明。

佛教講「寧可持戒不圓滿，不可破見失道心」，因為破戒是個人行為的過失；破見則是根本思想的偏邪。又說「寧可起有見如妙高山，也不可起空見如芥子許」，你有見，有這個、有那個還好，如果執著無、執著空，生起斷滅空見，那是很危險的。因此，「寧可」與「不可」之間，必須要有正見。

第一、寧可以無錢財，不可以無慈悲。

第二、寧可以無宗親，不可以無職業。

第三、寧可以無力量，不可以無健康。

第四、寧可以無朋友，不可以無希望。

大小難易

日常小事能盡責，可以養深積厚；重要大事肯盡力，容易功成名就。不畏懼艱難困苦，勇於承擔的人，成長進步快，良機也會自動找上門。事情有輕重緩急、大小難易，在此提供四點意見：

第一、事大，要有宏觀的看法：事情大，影響也大，所以不能只貪圖眼前的利益，要看未來的願景，例如為了提升國家地位，必須有國際宏觀，如何進行？首先要重視教育，培養各種人才，並發展經濟，提升國民生活和文化的水平，國家才會有穩健長遠的發展，也才能立足於世界。

第二、事小，要有謹慎的態度：生活小事，常是家庭口角的主因，日久月深，恐釀成家庭悲劇；公司小事，通常是例行公式，積弊良久，恐怕綱紀難振。俗語說「小錯成大過」，也許漏接一通電話，使公司做不成一筆大生意，而損失慘重。事情不在大與小的分別，而在態度的嚴謹與否；即使是小事，也要謹慎行事。

第三、事難，要有勇敢的精神：俗云「天下無難事，只怕有心人」，又說「有志者事竟成」，事情不怕艱難，就怕半途而廢。過去孟母斷機杼，戰國的樂羊妻子斷絲線，都是為了激勵孟子、樂羊學習要有恆心。再困難的事情，只要勇敢面對，不怕艱辛，有愚公移山之志，有囊螢照書之勤，還怕沒有成功的一天嗎？

第四、事易，要有珍惜的心情：事情容易完成，必定是有好因好緣，比如賣房子，必須先有良好的建地，優秀的工程師，誠實的營造商，賣力的工頭，高雅的裝潢等種種因緣的配合，才能有讓顧客滿意的房子，才能讓交易順利圓滿。可見凡事不論難易，都是許多人的努力，所以要心存感恩，珍惜因緣。

只為自己著想者不會大，能替別人著想者不會小。無能的人，光在小事上計較，不在做事上認真，容易事也難成；能幹的人，對事情全力以赴，不在情緒上計較，難題也會輕易化解。事情的大小難易有四點：

第一、事大，要有宏觀的看法。

第二、事小，要有謹慎的態度。

第三、事難，要有勇敢的精神。

第四、事易，要有珍惜的心情。

大的真義

舉世之人大概都喜歡「大」，大文豪，經典傳世；大丈夫，氣概沖天；大英雄武功蓋世；大學者，博學多才；做人想做「大人物」，平頭大臉；做事想做「大事業」，鴻圖大展，乃至很多人希望自己是個大智慧者、大慈悲者、大能力者、大功德者。可是，什麼才算是真正的「大」呢？以下提供四個「大的真義」：

第一、大智若愚：大智慧人，深藏不露，表面上看起來平庸，其實他不露鋒芒，故不會遭人妒忌。一旦面臨判斷或抉擇，敏銳行事、精準無比、面面俱到。高貴者，他重視道德人格，不需等待別人加諸頭銜，才算尊貴；真仁者，他不須刻意標榜自己，只要務實求全，他人自然尊重。真正大智慧者，又豈須矯情表現？

第二、大器晚成：

種一年的樹木，砍下

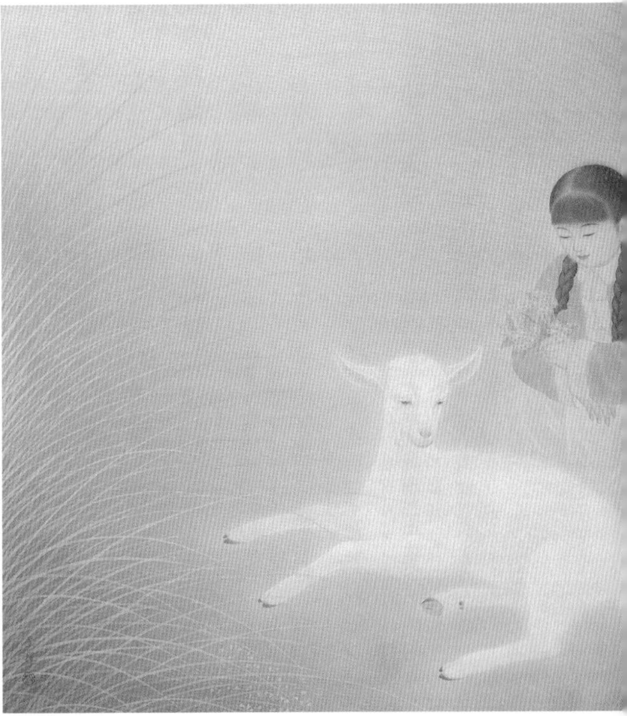

施金輝繪

來只能當柴燒；三年的樹木，只能砍來作板凳；十年以上的樹木才能做棟樑。強摘的果實，青澀酸苦，不能入口；趕工的活兒，未經琢磨，粗糙不美；醃漬的食物，需假以時日浸泡，才有可口的風味；豐厚的學養，也要靠時間與經歷的醞釀始得。所謂：「大器晚成，大方無隅」；因此，在能力尚未具足之前，要懂得韜光養晦。

第三、大富若貧：真正富有的人，雖富貴而不驕縱，雖自信而不狂妄。他們平和嚴謹、崇勤尚儉、樸素清貧淡泊的生活態度，讓他們更堅定意志創造事業，這些善性循環，像滾雪球般，富者愈富，尊者更貴。所以，「富而能儉，其富必久，富而不儉，其富難常。」這是大富若貧的智慧。

第四、大事小聲：一位有才幹的軍師，「運籌於帷幄之中，決勝於千里之外」，他寧靜心志，幕後謀略，不必親自到前線搖旗吶喊，才能贏得勝利。會做事的人，大處著眼，小處著手，他注重冷靜分析、精確判斷、勤快實踐，不必大聲喧嚷。過度的宣傳，大肆的喧嚷，往往成事不足，敗事有餘，落得雷聲大雨點小的後果。所以炮聲隆隆的大響，嚇壞了新兵，而老將無懼，聲嘶怒吼，能逞威於部下，實在無恐於他人。

老子說，大器晚成，大音希聲，大象無形。佛教也說：大慈同體，大悲平等；千萬不可「大惑者終身不解，大愚者終身不靈」，這就不好了。這四點「大的真義」，讓大家參考。

第一、大智若愚。

第二、大器晚成。

第三、大富若貧。

第四、大事小聲。

「大」之極

佛教對發菩提心度眾生的菩薩行者稱為「大人」；袁世凱自稱為「大總統」，事業成功的人被稱為「大老闆」；小學生在作文簿上寫下將來要成為「大人物」。每一個人都希望自己能「偉大」，但是，什麼才真正稱為「大」呢？有四點看法：

第一、大勇不鬥：有些年輕人，動不動就持武器械鬥解決問題。孔子云：「血氣方剛，戒之在鬥。」真正的勇者，不是逞匹夫之勇，一味蠻幹到底，而是面臨困境時能夠冷靜思考、謀畫周全，將勇氣化為智慧的力量。如空城計中，諸葛亮靠智慧謀略，不損一兵一卒智退司馬懿十五萬大軍。因此做人處世要能養成和平、不好跟人爭強鬥勝、不計較私己得失的性格，才能成為真正的大勇之人。

第二、大兵不寇：紀律嚴明，驍勇善戰是軍人必備的武德。宋朝岳家軍，士兵寧可忍饑不敢擾民，托宿街市商店，黎明即起，為百姓打掃門宇、洗滌炊具，留下「凍死不拆屋，餓死不擄掠」的美名；台灣九二一大地震，軍方投入大批人力物資救災，獲得民眾好評。一支優秀的正規軍隊，不會像草寇一般擾民掠財，所謂「軍愛民，民敬軍」，如此全國的軍民才能上下一心，國強民安。

第三、大智不愚：俗言：「大氣不拙，大智不愚。」大智若愚，固然是一種境界，但真正的智者，除了不生驕慢外，更不會恃才敗德，做一些愚癡不正見的事情。有些人絕頂聰明，但沒有透徹的深思，不能明白因果本末，又缺乏道德意識，很容易聰明反被聰明誤，如同現今社會上許多

「智慧型」的犯案者，就是將聰明用錯地方，世智辯聰的結果，傷人害己，毀了一生光明的前景。

第四、大仁不私：一個有仁德之人，凡事不會只逞一己之私，一切能以國家、大眾為重，只是想到如何護念眾生。例如，周公一飯三吐哺，一心為國家能廣招賢能；林覺民為推翻腐敗政權，不惜與鍾愛的妻子訣別；英業達集團副總溫世仁發起「千鄉萬才計畫」設立「網路城鄉中心」，為培養人才，改善貧困而鞠躬盡瘁，他們都是大仁不私的典範。

《佛光菜根譚》云：「一個人的心量有多大，就能成就多少事業。」佛陀胸懷法界，成為人天師範而被尊為「大雄」；海基會前董事長辜振甫，對產業和社會發展傾力付出，其無私的關懷與誠信的人格，為後世留下「大德」的典範。因此，一個人不能只重視個人私我，你不能擴大眼光、胸襟，自然無法成就磅礴大氣了。「大」之極，有這四點：

第一、大勇不鬥。

第二、大兵不寇。

第三、大智不愚。

第四、大仁不私。

極之後

「極」是極端、極點，人尤其常常陷在極端的情緒裡，好比憤怒至極、煩惱至極、悲傷至極……等等。《易經》裡說：「剝極必復」，意指惡劣的情況到達極點後，必定轉好；而所謂「物極必反」，極盛之後，也會是衰的開始。因此，無論苦樂盛衰，極之後是什麼呢？我們對於「極」應該有什麼樣的看法呢？以下四點：

第一、苦極必須忍耐：人世間，我們會遇到物質上的不足，事業、學業上的辛勞，人事上的協調，金錢上的短絀，愛情上的辛酸，甚至生活上遭遇的各種境界，都令人感到好苦。苦到極點怎麼辦？有的人苦到想不通，選擇逃課、逃跑、逃亡、甚至自殺了斷。苦到極點時，逃避是都沒有用的，這時候必須要忍耐。忍是力量，忍是知苦，忍能處理，忍能化解，苦極之後，你能安忍，就會有另外的轉機。

第二、憂極必須釋懷：有時候，我們會憂傷到極點，會掛念到極

施金輝繪

點，因為太過憂傷，一直惦記在心中，無法放下，吃不下飯，睡不著覺，這不僅於事無補，也是很划不來的。你憂傷，有用嗎？你憂傷，就能解決嗎？倘若憂傷能解決問題，倒也還好，若不能解決，就必須釋懷，另外用智慧、用方法來面對，找出解決之道。

第三、喜極不可失態：遇到喜事，好比「股票漲價了」、「中獎了」、「得第一名了」，甚至運動場上，獲金、獲銀，這固然是很令人歡喜，但是不能太過狂歡。有人過於興奮、情緒無力負荷而暈倒，也有人喜極而言行失控。所謂：「德不足，力有餘，過盛必衰。」太喜而沉不住氣，讓人覺得輕浮，太喜而言行失態，也會給人看不起。因此，喜極不可失態。

第四、樂極不可生悲：人生禍福無常，凡事都要適可而止，以免歡樂過度，招致悲慘的後果。有人主張人生要「縱欲」，這種快樂是不實在的，縱欲的結果，跟隨而來的就是身心交瘁、人格墮落，所以說「樂極」必「生悲」，這是不究竟的。

人生有苦有樂，太苦了，要提起內心的快樂；太樂了，也要明白苦的真相。過於熱烘烘的快樂，樂極生悲；太過冷冰冰的痛苦，苦得無味，最好是過不苦不樂的中道生活。這四點「極之後」，是平衡人生的四個方法。

第一、苦極必須忍耐。

第二、憂極必須釋懷。

第三、喜極不可失態。

第四、樂極不可生悲。

鏡子

執法嚴明，判案公正者，我們稱讚他「秦鏡高懸」；心地純正，明察事理者，我們形容他「虛堂懸鏡」；以別人的行為來警戒自心，我們稱之為「鏡戒」。「鏡」有映照、典範、警惕之義；在中國人的眼裡，「鏡」有一種清淨、明朗、湛然、光可鑑人的含義。別人是我們的一面鏡子，可以反映自己的優缺好壞。觀察別人的言行，可以從中觀照、了解自己，做為自己修養的借鏡：

第一、整肅儀容以銅為鏡：儀容整齊、端莊，是一種禮貌，讓人有舒服的感受。要知道自己的儀容是否端莊美好，是整肅或紊亂，必須透過鏡子的映照。在鏡子面前，我們的形貌一覽無遺，清晰可現。透過鏡子整衣束裝，能顯現自己最好的一面。

第二、鑑賞山河以水為鏡：水是山的鏡子，可以映照出山的容顏，山的壯麗。雖說山河大地美麗如詩畫，不過，光有山沒有水仍嫌不足，水中倒影映出的山岩、綠樹、雲朵，更具飄渺幽遠的意境。是故以水為鏡，可以鑑賞出山河的瑰麗與壯

施金輝繪

闊。

第三、端莊民心以德為鏡：世間人形形色色，每個人都各自有著不同的想法、個性、觀念，究竟是好是壞、是優是劣，有時無法從表面看出，必須透過道德的鏡子來彰顯。行為合乎道德的人，便擁有美麗莊嚴的心。所謂「種樹者培其根，種德者養其心。」要鑑賞一個人是否品德端莊，有時不完全從外表、衣著、行動去評判，應該以道德的鏡子為標準。

第四、陶鑄聖賢以心為鏡：所謂聖賢，如何論定？可憑其心來映照，他有般若心嗎？他有慈悲心嗎？他有忠義心嗎？他有仁德心嗎？歷史上，岳飛有忠義之心，故成為民族英雄；文天祥有「人生自古誰無死，留取丹心照汗青」的忠肝義膽，為世人緬懷千古；范仲淹心存「先天下之憂而憂，後天下之樂而樂」而留得一世英名。古來聖賢為世人留下值得學習、效法的典範，我們觀其心，也要見賢思齊，以其心為鏡，來陶鑄自己向善向上之心。

「人目短於自見，故借鏡以觀形。」誠然，借鏡可以做為了解、修正、改進、反省自己的依據，讓身心桶底脫落，徹見本來，也應自許做一面鏡子，光鑑照物，成為別人的模範。

第一、整肅儀容以銅為鏡。

第二、鑑賞山河以水為鏡。

第三、端莊民心以德為鏡。

第四、陶鑄聖賢以心為鏡。

外境的價值

我們一個人出生在這世間，生活周遭一定有很多的人、很多的事、團體，都能影響我們。這些外境會有阻礙的，但也會有成熟心志的，條件的好壞並不重要，重點是我們如何運用，轉化成為自身成長的力量。外境有何價值？以下四點提供參考：

第一、時間會幫助我們的成長：現代人事事講究速成，不耐煩。所謂：「日計不足，月計有餘。」不經養深積厚、韜光養晦的功夫，人生想要有所成就，實在難矣哉。但是如果你做什麼事，不是只做三天、五天；做好人好事也不是三年、五年，而是十年、二十年，恆心的做下去，好比做了某一個會的會員二十年、三十年；在某個團體當義工，服務了二十年、三十年，能夠有耐心、有毅力的做下去，時間會幫助我們成長。

第二、歷史會肯定我們的價值：人的一生，就是一頁歷史。有人以慈悲智慧寫歷史，有人以自私愚昧寫歷史，有人以辛勤血汗寫歷史，有人以懈怠放逸寫歷史，我們要為自己留下什麼樣的歷史呢？當我們發心立願，這件事也參與，那件事也策畫，我們的一切行為，都會留下軌跡，歷史昭昭俱在，就會肯定我們的價值。

第三、後學會提升我們的身分：我們在一個團體、單位做得久了、做多了，自然會有很多人跟著學習。等到這些後學成長了，有所成就了，自然而然也會提升我們的身分。只要我們不輕後學，奉獻己長，盡力教導，後學也會尊重我們。

第四、大眾會幫助我們的進步：佛經有則譬喻，瞎子、跛子、啞巴，相互提攜幫助，終於安全逃離火宅。這意思也可以說，我們生存在大眾裡，生存在這世間，一定需要士農工商、需要各種專長的大眾來成就，這就是

施金輝繪

「同體共生」。我們對身旁的人有所貢獻，當然他們也會給予我們回報。我幫助你、你幫助我，大家相互幫助，貢獻己力，就會促成彼此進步。尤其大眾是非常可愛的，佛陀也說：「我是眾中的一個」，千萬不要失去大眾，讓大眾推動我們成長進步。

沙土田地能長出禾苗，骯髒污泥也能生出清淨的蓮花，不論外境時間、環境好壞，只要正面思考、轉化，它都給予我們價值，都能引領我們走上光明的大道。以上四點，值得我們深思！

- 第一、時間會幫助我們的成長。
- 第二、歷史會肯定我們的價值。
- 第三、後學會提升我們的身分。
- 第四、大眾會幫助我們的進步。

鑑的功用

古人在龜殼上刻上一些好的文句，作為座右銘，叫做「龜鑑」，引申為觀照、警惕之意；鑑也是鏡子的意思，如《莊子》說：「鑑明則塵垢不止」，後來被作為照明影現之用。唐太宗的千古名言：「以銅為鑑，可正衣冠；以古為鑑，可知興替；以人為鑑，可明得失。朕嘗保此三鑑，內防己過。」由此可以看到，「鑑」有許多功用，列舉如下：

第一、以鏡為鑑，可正衣冠：古人在大年初一時要「長幼悉正衣冠，以次拜賀」；《論語》也說：「君子正其衣冠，尊其瞻視。」意思是無論身心，都要能恭敬謹慎；你以鏡為鑑，就可以看到自己衣冠正不正？進而有所改進，使自己身心莊嚴端正。

第二、以人為鑑，可觀善惡：世間上很多的人，善人惡人、好人壞人、君子小人、長幼婦孺等等，有謂：「君子不鏡於水，而鏡於人。」假如你能以這許多人為鑑，知道如何在善惡裡有所取捨，懂得如何在好壞裡明白事理，就可以知道自己的行止何去何從。

第三、以史為鑑，可知興亡：「明鑑所以照形，往事所以知今。」歷史是我們的龜鑑，你看朝代的興替、歷史的成敗、事件的起落、人物的悲喜，所謂「鑑往知來」，我們可以用那許多的人、事、物中，做為我們的教訓，不再重蹈覆轍。

第四、以時為鑑，可悟無常：時間也是我們的一面鏡子，我們看到時間的遷流、時間的變化，知道世間無常，沒有一樣可以久住長存。人有老、病、死、生，物有遷流變化，心有幻想顛倒，世間上每一個人、每一件事，都是在無常變化裡流轉不停。因此，如果我們從時間的遷流，看到無常，懂得無常，就知道要如何超脫無常的人生，超脫無常的時間，要體證悟道，求一個永恆的生命，悟一個本來面目，所謂不生不死，跳出無常的範圍之外，這是我們修行人最重要的功行。

所以，鑑古洞今，可以少走冤枉路；以往鑑來，可以謹慎於未來；「鑑的功用」有這四點：

第一、以鏡為鑑，可正衣冠。

第二、以人為鑑，可觀善惡。

第三、以史為鑑，可知興亡。

第四、以時為鑑，可悟無常。

行為之鑑

所謂「相由心生」，人的內涵、思想、品格，往往表現在他的言語、相貌、行為當中，而一個人的吉凶禍福、是非善惡、得失榮寵，也是由他的行為可以看得出來。藉由別人或自己的行為表現，作為借鏡和警惕，時時觀照，時時反省，時時調整，以此圓滿人格、成熟自我。以下四點意見提供：

第一、吉凶禍福是因果的關係：命運不是定型，是可以改變、轉化的。命運之中的吉凶禍福有其因果關係，並非上天來懲罰我們，或獎賜我們，而是自己行為決定的，所謂「種如是因，得如是果」，因此自己的行為應當自己承擔。《俱舍論》有云：「因緣合，諸法即生。」世間的一切都離不開因果法則，善惡好壞、吉凶禍福都是其來有自，如能明白因果，知道人生的究竟、本來，便能不怨天尤人，自在生活。

第二、稱譏毀譽是人為的關係：世間一切稱讚、譏諷、毀謗，都是別人加諸給我們的。沒有一定的標準，都是人為的，人為就有錯失，所以對於稱譏毀譽不必太過認真。白隱禪師被人冤枉，非但不辯解，反而默默負起孩子的撫養責任，不管他人譏笑打罵污辱；夢窗國師對於將軍惡罵鞭打不以為意，安然若素；弘一大師洗淨鉛華，不貪戀名利浮華；居里夫人視榮譽為玩具，真所謂「於毀於譽心無增減，聞善聞惡心無分別」，在他們心中稱譏毀譽就如同一抹清風，過而不滯。

第三、立身行事是自我的關係：胡適曾說：「要怎麼收穫，怎樣麼栽。」立身處事是自己可以決定，每個人都有自己的風格、形象，這些都是自己創造出來，沒人能替得。你講究仁義道德，你實踐慈悲喜捨，就能樹立一個好的形象；你凡事計較，你待人刻薄，便得不到別人的敬重。因此，我們要立志做自己的主人，為生命創造一個至真至善的境界。

第四、是非曲直是天理的關係：是非、善惡、好壞、順逆是世間自然的道理，世法的本來，所謂「事有不可明者，理有不可知者」，因為天理自

施金輝繪

有主張。然而雖處塵世，也應有超然的對待，對於是非曲直了然於心，卻不為其所束縛，如同維摩居士「雖處居家，不著三界」在紛亂的現實生活中，認清自己的立場，不隨波逐流。

生活之中所接觸的人事林林總總，如何保有一顆寧靜的心，在於時時觀照，深入思惟，讓每一份因緣都成為自己的增上善緣。這四點「行為之鑑」值得深思：

第一、吉凶禍福是因果的關係。

第二、稱譏毀譽是人我的關係。

第三、立身行事是自我的關係。

第四、是非曲直是天理的關係。

惡性之狀

中國人有一個傳統的美德，就是：隱藏他人的過失，宣揚他人的善行。《中庸》說：「舜好問而好察邇言，隱惡而揚善。」可是，隱惡揚善的美德在現今的社會，已不多見，反而「隱善揚惡」的人居多。專門發揚不好的、醜陋的一面，這實在是一種惡性。在此提出五點，作為警惕：

第一、謗真的、行偽的：目前社會有些人，他自己凡事好作假，狡詐虛偽，見不得別人的真誠與實在。凡是看到真誠實在的人事物，他就毀謗，因為這些真誠的人的品格非他所能理解；真實的事物與他的認知相距太遠，他不喜歡，因此，謗之而後快。

第二、謗正的、行邪的：俗話說：「人善被人欺，馬善被人騎」，現在的社會將這句話發揮得更淋漓盡致。你正正派派的做人處事，就是會有人來欺侮；你愈是凡事不計較，就愈有人來佔你便宜。反而那些橫行霸道、為非作歹的人，大家無可奈何。因此有人感嘆：好人難做，善門難開。

第三、謗是的、行非的：更可嘆的現象是「是非不明」。凡是依照道理，遵循規矩去做的事，不是惹人訕笑，就是遭來批評。可是批評你的人呢？他鑽法律漏洞，走後門，走捷徑，卻又偏偏能靠這種非法的手段得到利益。然後，再反過頭來嘲笑你，數落你。

第四、謗實的、行虛的：士、農、工、商任一行業，實實在在埋頭苦幹者，在收益上不一定得到同等的回報。反倒誇張不實的、虛張聲勢的，或只注重外表包裝的，能得到青睞，且財源滾滾。這種重虛輕實、謗實行虛的現象，會扭曲一個人的人格。

第五、謗善的、行惡的：有些人對於別人有善良的宗教信仰，嗤之以鼻，斥為迷信；視別人善良的品格為鄉愿；譏別人善良的行為是迂腐。可是他自己卻邪信、惡行，不但不能隱惡揚善，反而謗善行惡。

佛教教誡大家要「諸惡莫作，眾善奉行」；千萬不能「諸惡皆作，眾善不為」。在此提出五點惡性之狀，供大家自我反省與警惕，希望大家能遠離惡性，尋回清淨的自性。

- 第一、謗真的、行偽的。
- 第二、謗正的、行邪的。
- 第三、謗是的、行非的。
- 第四、謗實的、行虛的。
- 第五、謗善的、行惡的。

遠離

我們的心中，往往不經意就會生起貪欲、瞋恚、愚痴、嫉妒、邪惡等念頭，當這些惡念生起時，如果不能克服、遠離，就很容易被牽著鼻子走，做出錯誤的舉動。惡念是我們最大的敵人，每個人都應該自我觀照，與惡心戰鬥，遠離惡法，才能活出頂天立地的生命，該怎麼做呢？提供四點意見：

第一、遠離貪瞋邪見：貪心像個無底洞，使內心永遠不能滿足，時時處在空乏的情況，不得自在；瞋恨好比毒火燃燒，使內心有如疾風迅雷般的熱浪翻滾，不得清涼。貪心和瞋心影響人的行為很大，因此要遠離，更要心存善念，柔軟溫和，知足感恩，並擴大自己的心胸，常行慈悲喜捨，利益眾生。

第二、遠離酒色財氣：殷商紂王耽溺酒色又殘忍無道，為周武王所討伐；春秋時代，虞王因貪圖晉獻公的美璧與寶馬，被晉國所滅。《法苑珠林》云：「財色與酒，名為三惑，臣耽喪家，君重亡國。」所以，對於飲酒與美色應該有所節制，對於不義之財也要能不取；君子愛財，取之有道，取所當取，得所當得，方能免禍保安康。

第三、遠離殺盜淫妄：社會的混亂，起因於一些人的胡亂作為，在監獄裡的罪犯，大都犯了殺人放火、偷拐擄掠、邪淫失倫、妄言欺騙，或者吸毒的過錯，總括而言，不外乎沒有守好佛教提倡的五戒。如果人人能夠多種善因緣，不殺生而行仁慈，不偷盜而多布施，不邪淫而尊重他人，不妄言而樹立誠信，不吸毒而保持清醒，社會水準就能提升。

第四、遠離邪知愚行：不正確的思想、見解，會影響一個人的行為，社會上有些人因為價值觀念偏差，利益薰心而為非作歹；有些人愚痴，不明究理，斷章取義或捕風捉影，往往扭曲事實。因此，遠離邪知邪見，有因果觀念，以正當的想法引導人生向上、向善的發展，才能走出成功的人生。

古哲言：「近朱者赤，近墨者黑。」又說：「蓬生麻中，不扶自直。」都說明一般人很容易受環境影響。我們要遠離惡法，親近善法，才能言行端正，被人尊重。如何遠離，有四點意見：

- 第一、遠離貪瞋邪見。
- 第二、遠離酒色財氣。
- 第三、遠離殺盜淫妄。
- 第四、遠離邪知愚行。

邪法

人生要有信仰；正信最好，正信能引導一個人心智漸趨清明。迷信也還好，至少相信舉頭三尺有神明，而能心存警惕。如果一個人只信公理，那也沒有什麼關係，至少他不會為非作歹。最可怕的是邪信，把不實的信念當成真實的，把錯誤的想法當成正確的。不正確的觀念、想法，就是邪法：

第一、不勞而獲的取巧是邪法：「一分耕耘，一分收穫。」不管從事哪一行業，只要是正當的，靠自己的智慧、勞力、時間而換來的成果，都值得歡喜，流血流汗得來的報酬，是最值得慶幸的。但是，有些人不肯辛苦，不肯勞作，只想憑空而得，竊搶偷騙，這種不勞而獲，就是邪法。

第二、不當利益的擁有是邪法：有些人雖不是公然偷拐詐騙，卻也絞盡腦汁，用盡心機，例如做生意的人囤貨居奇，貪官污吏敲詐索賄，毒販私梟走私販毒，軍火販子製造、販賣殺人武器。這些人雖是勞心，卻是把自己的利益建築在別人的痛苦上，甚至造成民生動盪，社會不安，這些行事都是邪法。

第三、不誠虛妄的傳播是邪法：我們有幸處在言論自由的社會，每個人都能暢所欲言。但是，如果造謠、說謊、挑撥離間，或是傳播未得到證實的資訊，讓大眾接收不實的訊息，小則造成團體間的不合，大則引起族群的分裂，社會的不安。這種影響人心，影響社會的虛妄不誠的傳播也是邪法。

第四、不實惑眾的表現是邪法：有些人看準了現代人追求神異，崇拜先知的弱點，謊稱自己是活佛，以種種的方法來表示自己有神通，能通靈喚神驅鬼，能呼風喚雨，誇稱自己料事如神，法力無邊，藉以騙取他人的信任、崇拜，甚至騙色斂財。其實，正信的宗教，有其相當嚴密的思想理論，即使有神蹟、靈感，也不會輕易示現。因此，如果碰到的是一位動不動就為你顯現奇蹟的大師，就要特別留心他那些迷惑人心的邪法。

有些人他並非刻意要邪信、邪行，只因為未能運用智慧辨別是非，了解事情的真相，致使行邪事而不自知。在此提出四點「邪法」，提醒大家注意：

- 第一、不勞而獲的取巧是邪法。
- 第二、不當利益的擁有是邪法。
- 第三、不誠虛妄的傳播是邪法。
- 第四、不實惑眾的表現是邪法。

大與小

「大」與「小」看似有分別，其實大不一定好，小也不一定不好。小故事裡有大啟示，小王子會做大國王；七歲項橐為孔子師，七歲妙慧童女能說大乘佛法，故雖小也大矣！關於大與小，有以下四點：

第一、勿以惡小而可為：不要以為一句壞話說了不要緊，一個壞念頭升起不必怕，一件壞的事情做了不擔心，《涅槃經》云：「莫輕小惡，以為無殃；水滴雖微，漸盈大器。」別輕忽小小的罪惡，如同水滴不斷，必定力可透石。古人說：「勿輕小事，小隙沉舟；勿輕小物，小蟲毒身。」一個人的墮落，往往也是從細微處開始，所以《書經》說：「慎終于始。」警惕吾人第一步不可踏錯，以免「船到江心補漏遲」。

第二、勿以善小而不為：

《佛光菜根譚》云：「小善甚微，累成大德。」「善小」也含有「大義」。善有大小，只要發大心也是大善；反之，縱然是大善，若不肯隨喜，也只是小善。蘇東坡任密州太守遇到荒年，他「灑淚循城拾棄兒」，拿出小錢，救活四十位即將餓死的孩子；佛光大學百萬人興學活動，也是集眾人之小善，成就一所大學校；所謂「積善成德」都是從大處著眼，小處著手而成。

第三、勿以權大而可畏：哲學家休謨：「一切權力，最後終必以眾意為依歸。」袁世凱送厚禮贈梁啟超，梁不但拒絕，還發表文章揭露他的惡行，而且還遭到袁的威脅。梁卻說「寧可逃亡生活，也不願苟且偷生。」他不畏權貴、不受威脅的膽識，令人欽佩。唐朝道信禪師道聞遐邇，唐太宗三詔不赴，以疾辭旨，他不貪名聞利養、不畏強權的風骨，贏得御賜紫衣。所以掌大權，做大官的人雖可畏、可敬，但吾人若心存浩然正氣，其心天地可鑑，又何懼強權。

第四、勿以膽大而不畏：《論語》：「君子有三畏，畏天命，畏大人，畏聖人之言。」現代人最大的悲哀是目中無人，心存我慢，泯滅良知，無所不為。當一個人不知天高地厚，一切無所畏懼時，即是敗德之兆；反之，一個人有所敬畏，時時提防自己的心念行為，不違背因果道理，就可奠定成德之基。所以「人必先有所畏，而後才能無所畏！」

所謂「為善不見其益，如草裡冬瓜，自應暗長；為惡不見其損，如庭前春雪，當必潛消」，意指善業暗長，惡業潛報，「故聖人見微知著，睹始知終。」所以小不可輕大，大亦不可輕小。「大」與「小」提供四點意見：

第一、勿以惡小而可為。

第二、勿以善小而不為。

第三、勿以權大而可畏。

第四、勿以膽大而不畏。

勿因小失大

人生的際遇有輕有重，我們若拿捏不當，就容易因小失大、顧此失彼。三國的周瑜，因不服諸葛亮的聰明才智比他好，三敗三氣，不但賠了夫人又折兵，更賠上自己的性命。其實人我之間「你中有我，我中有你」，彼此都是一體相關的，若能體會「共存共榮」的道理，就不會計較榮辱得失。關於「因小失大」有以下四點意見提供：

第一、勿因爭奪權勢而失去友情：有時朋友間因爭權奪利，而傷害感情，甚至連友誼都失去了，實在划不來。畢竟權利是一時的，但友誼卻是永久的。古代龐涓怕孫臏奪權而陷害他，然孫臏逃到齊國一展長才，不但殲滅魏軍，龐涓還被萬箭穿心。若我們能如管鮑之交，互相信任，彼此成就，不是更好嗎？

第二、勿因賺取財富而失去快樂：有的人為了家計賺錢，整日忙碌，顧不得家庭，失去了家庭之樂；有的人因為忙於賺錢，鬧得夫妻不常相聚，失去了愛情。有時更為了賺錢、再賺錢，顧不得兒女的教育，不但失去天倫之樂，也有虧父母的職責。其實，歡喜的生活，才是人生最大的財富，所以勿因只顧賺錢而失去快樂。

第三、勿因創造事業而失去健康：現在的人常常忙於自我創業，但創業何其容易？人一旦忙起來，往往就忘記照顧自己的身體，等到事業有成，健康卻失去了。健康有如汽車燃料，沒有健康的身體，那來工作、生活的樂趣，健康可說是一切事業的資本。

第四、勿因妄說巧言而失去尊嚴：我們如果常說一些花言巧語、不實在的話，久而久之，別人就會對我們的人格大打折扣。虛妄之言，不但自討沒趣，還會失去信用與尊嚴。做人要言行一致，多說一些慈悲愛語、正直實語，才能自受用、他受用，而自利利人。

閩南話說：「天公疼憨人。」一個人只要心存正念，該是你的，即便吃虧，終究還是你的。若我們不知衡量輕重，不能珍惜眼前因緣，最後因小失大就划不來，畢竟一切因緣的形成，都來之不易。所以說「心量小，煩惱多，痛苦亦多；心量大，喜悅增，福德亦增。」

提供以下四點意見給各位參考：

第一、勿因爭奪權勢而失去友情。

第二、勿因賺取財富而失去快樂。

第三、勿因創造事業而失去健康。

第四、勿因妄說巧言而失去尊嚴。

「多」的弊端

常人喜歡多財多寶，若不懂得運用，和貧窮一樣匱乏；若以財寶炫耀，只有顯得俗不可耐。滿懷好意的人多朋友，假如不懂得分辨是非善惡，也只是個濫好人；人才聚集很多很好，但是不懂得團結，也只算是一盤散沙，不能共成大事。可見「多」也有弊端，列舉四點：

第一、多吃無滋味：《尼乾子經》說：「噉食太過人，身重生懈怠，現世未來世，於身失大利。」飲食適度，有益健康，但是多食無益。例如酒喝多了，不醒人事，失去理智；飯菜吃撐了，腦滿腸肥，想再多吃，也食不知味。所以佛教視飲食如良藥，適時適量的吃，維持身體健康。好比禪者不因好吃而多吃，也不因不喜歡而不吃，只為了療養色身，藉此修行，用功辦道。

第二、多言不值錢：有的人喜好講話，一有機會就高談闊論，賣弄口才。言多必失，總是惹人厭惱，還會失去「話」的價值，因此古德常告誡弟子嚼舌傷神，所謂「多言取厭，虛言取薄，輕言取辱」。會說話是一門學問，也是一種藝術，謹慎的人，話多不如話少，話少不如話好。話還要說得中肯，一言九鼎；說得有理，容易接受；說得適時，自他都心情愉悅。

第三、多忌失親信：猜忌懷疑，只有減損互相的尊重；爾虞我詐，自然容易生出是非、糾紛，徒然滋生煩惱。唯有篤實信賴，才能轉排斥為祥和。《三國志》評論袁紹：「寬而多忌，仁而無斷，兵雖強，實失天下心，可謂逆德矣。」太多的疑忌，只有讓跟隨他的人，離心離德，不能團結合作，終究失敗。若能疑人不用，用人不疑，方可獲得忠誠的夥伴。

第四、多慮難成事：謹慎謀略，能使策畫周延，但若顧慮太多，患得患失，躊躇不前，往往浪費心思而錯失良機。《法苑珠林》記載：「多慮多失，不如守一，慮多志散，知多心亂，心亂生惱，志散妨道。」因此要簡化思慮，單純以對；對善美的事情，時機當前，就要馬上去做；應該決定的事情，就要智慧分辨，當機立斷。

吃不忌口，貪多傷身；口無擇言，惹禍上身；奸計巧謀，失去朋友；費心多慮，匱乏失誤。相反的，少欲知足，活得快樂；言簡意賅，是非減少。所以有時「多」有這些弊端，不如少一點，反而美妙。

- 第一、多吃無滋味。
- 第二、多言不值錢。
- 第三、多忌失親信。
- 第四、多慮難成事。

「多」之見

「多」代表豐富，也是許多人的希望。例如，福報幸福愈多愈好、快樂財富愈多愈好。隨著時代文明進步，「多元化」是現代社會發展的新趨勢；企業要「多角度」才能永續經營；人要「多才多藝」，才能因應職場不同的需求；善行義舉要「多多益善」，世道人心才能淳善淨化；修行人要「多聞薰習」，才能智慧增長。「多」有許多功用，以下四點參考：

第一、多聞不如多見：目前資訊發達，但是天天在家看電視、讀報紙、光聽別人講，這是不夠的。古來禪門大德千山萬水的去行腳參學，就是要親身體驗、吸收活用的知識。現在經商重視實地考察，做研究要田野調查，明朝徐霞客放志遠遊，「升降於危崖絕壑，搜探於蛇龍窟宅」，為滇緬佛教留下珍貴的資料，所謂「行萬里路勝讀萬卷書」，凡事應該要親身去體驗，才能擴展廣闊的視野。

第二、多言不如多行：有人說：德國人只做不說，日本人邊說邊做，中國人只說不做。俗諺云：「說道一丈，不如行道一尺！」有些人看似滿腹經綸，說得頭頭是道，話是很多，實踐倒沒有。佛陀教導人要「解行並重」，王陽明鼓勵大家「知行合一」，孫中山說「知難行易」，再多的言論、計畫，如果光說不練，只能說食數寶、畫餅充饑，永遠沒有實現的一天。

第三、多疑不如多問：佛教講「大疑大悟」，經典裡，都是由弟子提問，佛陀為大眾解答；禪堂參禪打坐，叫你「提起疑情」，在疑處用心參修。胡適云：「做學問要在不疑處有疑，待人要在有疑處不疑」，有了疑心，應該提出來問清楚、說明白，否則，把它放在心裡面，疑心生暗鬼，不但個人智慧不能增長，人際關係也會出現嫌隙阻礙。

第四、多慮不如多防：現在社會上的人不管有錢沒錢，不是怕竊盜就是怕綁

施金輝繪

架，這個不安全，那個不放心。與其掛慮，不如提防。例如，害怕病毒染煞，就要重視環保衛生；憂慮人際關係不足，就要積極調整改善。不僅防止外境的惡因惡緣，也要防患內心的煩惱染污，能防患於未然，你的損失必定會減少。

「多」不是要人貪求，如果待人多一點寬容，多一點諒解，朋友會愈來愈多；內心多一點滿足，多一分感恩，身心就能歡喜自在；對真理多一點探求，多一分體會，自然能遠離愚癡果報。因此「多」的四點：

第一、多聞不如多見。

第二、多言不如多行。

第三、多疑不如多問。

第四、多慮不如多防。

多與少

「多一分」、「少一分」，如何適切的拿捏，是一門人生哲學。有時候要使生活美好，內心自在，我們要多一分快活、真實、悠閒；要少一分憂傷、虛偽、忙亂，好的事情多一分，自然壞的事情就會少一分。如何恰到好處，有四點意見提供：

第一、多一分謹慎，少一分失敗：為人要謹言慎行，處事要思前顧後，所謂「寧走十步遠，不走一步險」，多一分謹慎，不行差步錯，抱著如臨深淵的態度，勝過萬般防備。蘇軾曾說：「慎重則必成，輕發則多敗」，事事謹慎，不輕忽大意，才能避免「一失足成千古恨，一步差致千里遠」的憾事。

第二、多一分預防，少一分災害：古人說：「勿臨渴而掘井，宜未雨而綢繆。」就是警惕我們要有防微杜漸、未雨綢繆的準備，否則災難發生時，都為時已晚。所以，平日居家可準備急救藥箱，以防不時之需；颱風前準備蠟燭、手電筒、儲水，以防停電停水；舉行救災演習，以防地震海嘯發生等，平時多一分預防，就是減少災害的最好辦法。

第三、多一分保健，少一分病痛：現代上班族的生活品質日趨低落，工作壓力大，步調緊湊，又疏於運動，導致生理不適，甚或職業病、文明病纏身，真是苦不堪言。對於自己的健康，要多一分保健的常識觀念，比方：要有適當的運動、飲食、休息，與及時就醫治療的觀念，不要等健康亮了紅燈，都已造成遺憾。所謂「無病第一利」，人生最大的福報，莫如無病健康，不要因為疏忽而損失自己的健康。

第四、多一分善心，少一分罪惡：用善心去看人，人會很好；用善心去看事，事情會很好，那是因為我們內心擁有善美，所以世界到處都美。眼中所看是美景、耳中所聽是美言、心中所想是美事，正如《維摩經》說：「心淨則國土淨」，用善心做人處事，就會減少一分罪惡。

平時如果能對生活多一分關心、用心，就會減少一分遺憾，建立良好的觀念與生活習慣，人生就能美滿。所以「多」與「少」提供四點意見：

- 第一、多一分謹慎，少一分失敗。
- 第二、多一分預防，少一分災害。
- 第三、多一分保健，少一分病痛。
- 第四、多一分善心，少一分罪惡。

苦樂之間

人間的生活，有苦有樂，太苦時，當要提起內心的歡喜快樂；太樂時，也應該明白人生苦的真相，如此，才不致因苦或樂，而造成心緒的起伏不定。「苦樂之間」有四點說明：

第一、耐貧賤易，耐富貴難：有的人在貧窮的時候，即使是過著有一餐沒一餐的生活，也毫無怨言閒話，但是等到富貴發財的時候，卻再怎麼也忍耐不住了，一再地想要花錢、玩樂、享受。《東坡志林》有云：「富貴易生禍端，必忠厚謙恭，才無大患。衣祿原有定數，必節儉簡省，乃可久延。」因此，耐得住貧窮，也要耐得住富貴。

第二、安勤苦易，安擁有難：有的人，當他貧苦的時候，每天賣力工作，不喊累也不叫苦，一旦擁有了財富，卻成天為金錢所束縛，擔心財富為人所奪，不能安心。社會上，有很多人願意和自己的朋友、兄弟、家人共患難，可以同甘共苦；但等到富有時，要他共富有卻很困難，甚至彼此你爭我奪。所以，人生對此事應有警戒，才不致因為一己之私，壞了雙方多年的友好關係。

第三、受欺侮易，受怨氣難：有人欺負我了，忍耐一下，這很容易，因為對方是一時不了解我，才會這麼做，所以可以不和他計較。但是一旦被人冤枉，要受怨氣卻很難，我沒有講這句話，他偏偏說是我講的；我沒做這件事，他執意說是我做的，這時再也忍受不了。其實，能受得了冤枉，會增長更大的福報。

第四、忍挫敗易，忍快樂難：要忍耐挫折失敗比較容易，但是要忍受歡喜快樂卻很難。比方股票跌停板，損失了幾百萬，再怎麼樣都要忍耐，一旦是漲停板，賺了幾千萬，興奮之情卻是溢於言表，難以控制這種痛快的感覺不表現於外。

苦與樂乃存乎於一念之間，然而熱烘烘的快樂，會樂極生悲；冷冰冰的痛苦，會苦得無味。因此，人生要能節制自己，要過不苦不樂的中道生活。「苦樂之間」有四點：

第一、耐貧賤易，耐富貴難。

第二、安勤苦易，安擁有難。

第三、受欺侮易，受怨氣難。

第四、忍挫敗易，忍快樂難。

不墮落

一棵樹，存在往下紮根、向上生長的本能，它知道吸取養份，滋養身軀，待枝繁葉茂時，就能夠庇蔭十方路人。人也是一樣，具有積極向上的生命動力，只要我們堅持，它也未曾放棄，進而發揮它的意義價值。然而，身處紛亂擾攘的人世間，如何堅持不墮落呢？以下四點意見提供：

第一、做感人之事：感動是最美的世界，它讓人心意交流，縮短彼此的距離，明白活著的美好。佛陀為弟子煮粥療飢、穿針縫衣；仙崖禪師對夜遊沙彌，只有一句「夜深露重，小心著涼」，無不令人心生感動。能以慈悲、謙遜、真誠感動他人，散發人間情意的光華，那麼便是處處淨土了。

第二、懷大眾之心：這個世間是因緣和合而有，沒有大眾，不能成事。佛陀說「我是眾中的一個」，常不輕菩薩「我不敢輕視汝等」，都是心懷大眾，所以成其偉大，受人敬仰。凡事以大眾利益為優先考量，時常想著「大眾第一，自己第二」，不以「老大」自居，我們的心量，自然能如大海壯闊，如虛空包藏萬物。

第三、圖奮發之志：有志向的人生，才有希望，才有動力。《大智度論》言：「作福無願，無所標立，願為導御，能有所成。」地藏菩薩發下「地獄不空，誓不成佛」的宏願，給予眾生脫苦的希望；觀音菩薩立下「千處祈求千處應」的志願，免去眾生怖畏的恐懼。我們的人生也要奮發立願，才能為自己、為他人創造無限的可能，生命也才能奮起飛揚。

第四、防惡事之念：對於善惡，《六祖壇經》提到：「自性起一念惡，滅萬劫善因；自性起一念善，得恆沙惡盡。」不僅是修道之人，平時為人處事，也應常懷善心善念，事事才會有好因緣。所謂「火燒功德林」、「莫以惡小而為之」、「思量惡事，化為地獄」，都是在告誡我們惡事損福傷德，不可不防啊！

道路有方向，水流有方向，生命的發展也有它的方向。究竟是善是惡，是升是墮，全然決定我們的心念與作為。如何不墮落呢？以上四點要實踐。

第一、做感人之事。

第二、懷大眾之心。

第三、圖奮發之志。

第四、防惡事之念。

反省之微

一個人要想自己進德，必須每天反省。反省，好像鏡子，可以看到自己的本來面目；反省，好像清水，可以洗淨內心的煩惱汙垢。反省的種種好處，列舉六點如下：

第一、靜坐，然後知平日之氣浮：我們的心，好似猿猴跳躍，一刻不停；又好比瀑流湍飛，沒有一刻安靜。假如有靜坐的習慣，當你靜下來，就會知道平常這顆心，是多麼浮動躁進。靜坐，心才能穩定；靜坐，心才不慌亂。

第二、守默，然後知平日之言躁：古人有謂：「聖人深居以避患，靜默以待時。」默，不是不講話，你靜默，才能詳思審慮；你守默，會懂得觀時以動。尤其當你一沉默，就可以知道平常的講話太過急躁，甚至說話不經過大腦就講出來，行事就容易衝動，處世也容易冒失。守默，可以少去許多無謂的話語，減少許多無端的煩惱。

第三、省事，然後知平日之費閒：做事要有方法，懂得化繁就簡，麻煩的事情減一點程序，複雜的事情，也省一點手續，就會知道平日過於浪費時間，浪費人力，浪費資源，殊為可惜。

第四、閉戶，然後知平日之交濫：假如能有一段屬於自己的時間，閉戶休息，不到外面交際聚會、應答酬對，這時，就會知道平常東奔西跑，到處交往迎來，時間浪費太多，失去自己。

第五、寡欲，然後知平日之病多：假如你可以清心寡欲，減少了貪欲，你就知道平日「多」的苦。你太多的財、色、名、食、睡，負擔太大；太多的妄想雜念，心不能平靜；太多的計較執著，思想不能開闊。因此，寡欲一些，會少去「多」的煩惱。

第六、近情，然後知平日之念刻：假如你近乎人情，近乎事理，就

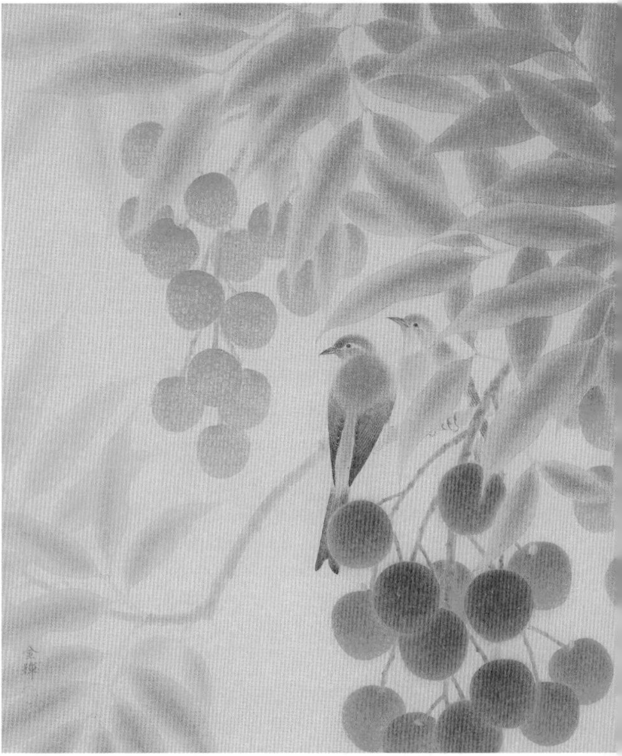

施金輝繪

會反省到平時待人不夠厚道的地方，你會想到：「哦，我還要再體諒人家一點」、「哦，我還要再善解人意一點」、「我還要對人好一點」，你的人際關係就會有所改善。

反省，是悔過的勇氣，反省，是自修的功課；有了反省，是人格進步之母；有了反省，心中會常存感恩。這個六點反省的好處：

第一、靜坐，然後知平日之氣浮。

第二、守默，然後知平日之言躁。

第三、省事，然後知平日之費閒。

第四、閉戶，然後知平日之交濫。

第五、寡欲，然後知平日之病多。

第六、近情，然後知平日之念刻。

面臨境界

佛教有一句話：「講時似悟，對境生迷。」意指道理懂很多，甚至滔滔不絕向人說教，當自己面臨境界的時候，卻被現象給迷惑顛倒了。面臨境界時，怎樣才不會迷呢？以下有四點意見：

第一、要臨事不苟：每個人每天遇到事情，大至世界、國家、社會局勢，小至生活瑣碎事，乃至身心苦樂問題，林林總總，不知凡幾。事多且繁，卻不可敷衍，尤其事情來了，更不能推卸責任，你能直下承當，一絲不苟，誠意面對，必能處理化解。

第二、要臨戰不怯：唐朝郭子儀因平定安史之亂有功，被封為大元帥。有一次，回紇吐番十萬大兵來侵，郭子儀認為己軍勢單力弱，難以致勝，於是放下刀槍，脫下頭盔、護身衣，只與少數輕騎隨從，進入回紇軍中談判。由於他的自信、勇敢，令對方首領大為佩服，因而制定誓約，退兵而去。這種臨戰不怯氣度，終於化險為夷。

第三、要臨危不亂：人生如戰場，就是經營日常生活，許多的境界，也都像在戰場一樣，必須要靠勇敢、冷靜，才能不怕挫折，接受挑戰。所謂敵人，不一定在別處，不一定是他人，佛法有云：「一念瞋心起，百萬障門開」，舉心動念間，都是人生的危險。因此面臨危難時，要冷靜思考，不可自亂陣腳。

第四、要臨難不懼：經典說眾生有五種畏懼：不活畏，所以生活不安，常積資財；惡名畏，所以害怕他人譏謗，自己名譽受損；死亡畏，畏懼生命即將失去；惡道畏，害怕自己墮入地獄、餓鬼等惡趣；人眾威德畏，是沒有信心，或自信不夠而害怕出現在大眾之前。人生在世，遇到困境災難，大都不離這五種畏懼。發生時，能知禍福窮通，唯人自招，就不會怨天尤人；能知前因後果，事出有因，就能臨難不懼，轉危為安。

所謂「對境練心，對人練性」，世間逆緣，是吾人向上之階，世路風霜，為吾人練心之境，世情冷暖，成吾人忍性之德，世事顛倒，作吾人修行之資。這四點可以作為吾人對境練心的修練。

第一、要臨事不苟。

第二、要臨戰不怯。

第三、要臨危不亂。

第四、要臨難不懼。

「不」的原則

人在世上，有所要，有所不要；不要的事情有很多，好比不讓人知、不令人聞、不要人妒、不為人懼。但是「不」也有「不」的原則，提供以下四點意見：

第一、若要人不知，莫若不為：俗語說：「若要人不知，除非己莫為。」做過的事，要他人不知道是很難的。尤其「好事不出門，壞事傳千里。」若不要人知道，不如就不做。《大學》說：「君子必慎其獨。」《曾子》也云：「君子十目所視，十手所指。」好漢做事好漢當，不該做的不做，能以正大光明的態度，來面對自己，自然就吃得飽、睡得香了。

第二、若要人不聞，莫若不說：有的人在聊天時常常會說：「我只告訴你，你不要告訴別人啊。」那個人隨口又轉告他人：「我只告訴你一個，你千萬不可說出去。」沒多久秘密就傳出去了。《韓非子》云：「事以密成，語以泄敗。」因此要避免無謂的爭端，最好的方法就是不說。

第三、若要人不妒，莫若不得：當我們得到功名，或發了錢財，難免會遭人眼紅，尤其得之不應得，嫉妒就更難免的了，甚至它會如影隨形，讓你擔心前途隨時不保。因此，得時不忘謙卑、低調，才不易遭受嫉妒；而不應得者，不如不得，免得還要患得患失，身心無法安頓。

第四、若要人不懼，莫若不瞋：《佛光菜根譚》云：「瞋心如狂風，會捲走人緣。」人際往來間，脾氣大並不代表能降伏對方，要做到讓別人不怕我們，才是真正會做人做事。觀世音菩薩「施無畏」，布施無畏給予眾生，因此人人將家中最好的位置留給他。你布施善意，自然令人感受溫暖；你發出瞋心，別人當然避之惟恐不及了。

若不要人家把煩惱帶給你，那麼我們自己就應行得正，不當做不做，不當說不說，不當得不得，不當瞋不瞋。明朝馮夢龍在《警世通言》說得好：「平生不做皺眉事，世上應無切齒人。」在大眾監督下，我們才會更加小心自己的行為。「不」的原則有以下四點：

第一、若要人不知，莫若不為。

第二、若要人不聞，莫若不說。

第三、若要人不妒，莫若不得。

第四、若要人不懼，莫若不瞋。

「多」的得失

說到「多」，有得有失，拜訪親友，送禮要夠；與人談話，話題要多；多親近善知識，可以增廣見聞、進德修業；與人無謂的應酬一多，浪費的時間也不少。

因此，要緊的是，當多則多，當少則少；所謂「福兮禍所倚」，一味貪多、求好，表面上擁有很多，骨子裡卻有無盡的煩惱。因此不得不注意「多」的得失，有以下四點：

第一、禮多人不怪：中國有句老話：「禮多人不怪。」多些慰問、多些關懷、多些讚美、多些尊重，都是好事，但也不能多得讓人見怪，多得讓人覺得做作，就不妥了。所謂「禮」，是一個人表現敬意的態度，禮的多少不重要，重要的是能週到、適當。

人類社會的交流往來，以禮為先，例如：婚嫁、喜慶、過年過節、新居落成等等，在禮貌上都會表達祝賀，如果沒有祝賀，就顯得失禮了。

第二、話多人不耐：蘇格拉底說：「天予人兩耳兩目一口，蓋欲使其多見、多聞、而少言語。」說話應簡單扼要，太多的閒話，讓人聽了會不耐煩。中國人有「好講話」的習慣，無論什麼場合，台上講，台下也講，等到要你上台講，卻又不肯，或者一旦上了台，一開口就沒完沒了，遲遲不能下台。話講太多，容易出差錯，後悔都來不及，所以話多不如話少。所謂聽者為尊重講者，應當用心聽，而講者也應尊重聽者，話語適可而止。

第三、疑多人不快：一個人若以疑心與人交往，容易產生是非與猜忌；對事情抱著猶疑的態度，容易優柔寡斷；對主管不能信任，則容易造成意見紛歧。英國培根說：「疑心是友情的毒藥。」因此，為人處世，不能經常用自己的成見去揣測別人的想法，如果對這個不信任，對那個也懷疑，最後則會失去所有的朋友。

好比華佗要替曹操開腦取瘤，曹操卻懷疑華佗要謀害他，而下令押入大牢。等到曹操頭痛劇烈，想起華佗時，華佗早已死在牢裡了。

第四、怒多人不愛：《菜根譚》曰：「疾風怒雨，禽鳥戚戚；霽日光風，草木欣欣。可見天地不可一日無和氣，人心不可一日無喜神。」一個人若老是

施金輝繪

發脾氣，即使能力再強，也會讓人不敢領教。一個人擁有的技能，可經由學習而獲得，但是肚量、涵養卻是不容易培養的，如果我們能學習不將怒氣發之於口、形之於色，甚至不起於心，那麼，心地清淨，自然能有好人緣。

多不一定好，好比一個人言多、疑多、怒多，甚至禮節過多，不一定能受人尊重。反之，說話把握重點、對人心懷信任、待人祥和歡喜、禮數合宜適度，則處處受人歡迎。因此，「多」的得失有四點：

第一、禮多人不怪。

第二、話多人不耐。

第三、疑多人不快。

第四、怒多人不愛。

「多」之病

貪得無厭、多多益善，這是一般人的通病。例如金錢越多越好、田產越多越好、房屋越多越好，無論什麼東西，都是希望越多越好。「多」有時候也不全然就好，「多」也會有多的毛病。「多」之病，有四點：

第一、多事為修養第一病：俗語說「狗拿耗子，多管閒事」。做人固然要見義勇為，要熱心主動，但有時候不需要旁人插手去做、去管的事，如果你硬要插上一腳，硬要去干涉、參與，這就是多事。多事是修養之患，所以在佛教的叢林術語裡，有所謂「油瓶倒了，不要你扶」，意思就是要你管好自己，不必多事，這就是最大的修行。

第二、多言為涉世第一病：一個人平時如果有事卻不開口，固然會讓人有「神仙難下手」之感，但是多話，常常也會惹出許多不必要的麻煩。例如一場會議，不是你的身份可以發言的，或是一項決議案，不應該由你宣佈，但是你多話，提前曝了光，反而壞了別人的事情，所以多言是涉世第一病。

第三、多聰為立心第一病：一般人莫不祈求聰明才智，但是也有人感嘆「聰明反被聰明誤」。如蘇東坡說「人皆養子望聰明，我被聰明誤一生；惟願孩兒愚且魯，無災無難到公卿。」我們不要以為聰明很好，聰明過了頭，如果得不到別人的欣賞，往往會慨嘆懷才不遇。甚至很多自以為聰明的人，不肯放下身段，因此高不成低不就，心理上總不是很平衡。所以太聰明也不一定是福氣，憨厚、誠實，大智若愚，還是比較好生活。

第四、多費為養家第一病：勤可以補拙，儉可以卻貧。一個善於持家的主婦，一定要懂得節儉，要開源節流、量入為出，不可浪費。例如平時用不到的東西，不要因為打折扣、大拍賣，就貪小便宜買了一大堆，買了沒用也是浪費。所謂「吃不窮，用不窮，算盤不到一世窮。」不懂得節約，不善於算計，造成入不敷出，這都不是養家之道。

世間事，過猶不及，中道最好。所以「多」的毛病，我們也應該引以為戒。「多之病」有四點：

- 第一、多事為修養第一病。
- 第二、多言為涉世第一病。
- 第三、多聽為立心第一病。
- 第四、多費為養家第一病。

多求不安

農產豐收令人開心，但堆滯如山、銷不出去時，卻令人頭疼；土地愈大愈好，但無力經營而荒置時，也很可惜；求朋友多、求多子多孫、求升官發財，真的就好嗎？有時多求，反而不安，甚至患得患失，產生許多的煩惱。不安從那裡來呢？以下四點：

第一、多看目不清明：看書雖多，囫圇吞棗，也不一定明白其中道理；看不完的電視，不但記不得節目內容，還把心都看亂了。許多人喜歡看山、看水、看花，看人來人往、看紅男綠女，卻看不見自己的心。參禪者貪看，功夫用不上；念佛者貪看，只有口無心。所以，眼睛所看，也要有所抉擇。不只看自己，要看大眾；不只看現在，要看未來。會看的人，看真相，會看的人，看內心。

第二、多聞耳不聽慧：美妙的音樂，聽來令人舒懷悅意；繞梁三日不絕於耳的聲音，也令人回味無窮。但

是假如聽得太多、太雜，鎮日追逐外在的音聲，最後只有感到「五音令人耳聾」，難以清淨，甚至像俗語所說「聽了風就是雨」，過度反應了。因此，「明者視於無形，聰者聽於無聲」，要能聽出無聲，才能真正聽出真理、聽出真心。

第三、多慮心不清淨：所謂：「愚者千慮，必有一得；智者千慮，必有一失。」凡事縝密周延的規畫是有必要的，但窮思極慮，心頭罣礙太多，不但沒有幫助，反而內心混雜壅塞，不得分明，甚至整個人動盪不安，損傷身心健康。

第四、多求眠不安穩：做官的人，希望加爵厚祿，沒錢的人，希望發財致富，中學生祈求考上好學校，單身者祈求找到另一半；原本欲求也是人性之一，但假如滿腦子只為一己之私，想出無邊計謀，就會煩惱連連，痛苦不堪，睡覺都不得安穩。如果能將自私的欲求轉化、淡化、淨化，日子就能過得心平安穩。

海倫凱勒眼盲心不盲，成為偉大的教育家；貝多芬耳聾心不聾，創作出曠世音樂；德山宣鑑因龍潭崇信的熄滅燈火，而明心見性；五千菩薩因維摩居士的默然無語，而證得無生法忍。

不在眼耳鼻舌身意六根過分的追求，反而有另外的開展。因此過度的所求，還是要遠離才好，免得造成種種不安。

第一、多看目不清明。

第二、多聞耳不聰慧。

第三、多慮心不清淨。

第四、多求眠不安穩。

力行之方

《中庸》載：「好學近乎知，力行近乎仁，知恥近乎勇。」知此三者，則知修身，「知所以修身，則知所以治人；知所以治人，則知所以治天下國家矣！」《申公傳》則云：「為治者不在多語，顧力行何如耳。」因為空談論說，不切實際的玄想，都於事無補，不如重在力行，勉力實踐，才能獲得成功，贏得讚揚。

第一、生而不知學，與不生同：一個人要在世間上生存、生活，最重要的就是要學習。至少要學習生活的基本技能，生命生存的基本能力，進而學習知識、學問、道德、智慧，才能自立立人，自度度人，自達達人。如果這些都不學習，怎麼生活？不肯學習，不就等於沒有出生到人間一樣嗎！

第二、學而不知道，與不學同：有的人學了很多謀生的技能，也讀了很多的書，拿到許多文憑和證書，甚至是雙博士、多重碩士。但是他不通達、不明理，即使是當了研究所的教授，也可能會為了隔壁鄰居家的落葉，飄到自己的院子來，而和人爭吵打架。反而那些不認識字，沒有讀過多少書的人，卻很通達明理，知道「一切福田，不離方寸；從心而覓，感而不通。」因此，明理比知識技能還要重要，如果學習而不明理，豈不是與不學相同？

第三、知而不能行，與不知同：學習要「知行合一」，才是真實的學問功夫。如果稍微明理了，卻不能做到，不能實踐，不能知行合一、行解並重，就無法進一步開闊視野，深入實相的真實奧義，這與不知有什麼不同呢？所以學習之後，要努力實踐，在事上磨練，才能經世致用。

第四、會而不能悟，與不會同：有的人明白道理，也能體會箇中奧妙，但是他不能舉一反三，不能聞一知十，不能從心裡，對於所知、所學、所會的透徹悟道。對事理不能悟道，就無法發揮、活用，如此不能證悟，與不會還是相同的。所以我們要「轉迷為悟」。亦即捨離煩惱之迷妄，而得涅槃寂靜之菩提。力行之方有四點須留意：

- 第一、生而不知學，與不生同。
- 第二、學而不知道，與不學同。
- 第三、知而不能行，與不知同。
- 第四、會而不能悟，與不會同。

團結的真意

有的人以為單槍匹馬很神勇，但是一個人的力量畢竟有限，團隊才有強大的力量。維吾爾族有句諺語說：「不怕不翻身，只怕不齊心；事成於和睦，力生於團結。」人與人團結，可以上下和諧，敦睦社稷；國與國團結，能夠東西交流，世界和平。團結不是呼口號，該如何具體展現呢？有四點意見：

第一、要容許異己：團體當中，每個人看事情的角度不同，著眼點不一樣，所以觀點也會南轅北轍，如果不能容納異己，就難以團結，不能成事。語云「有容乃大」，泰山不辭土壤，大海不揀細流，若能包容異己，羅致十方，容納他人不同的思想、言論、風格，各取優點，截長補短，必能發揮團隊的力量。

第二、要分工合作：我們身體的眼耳鼻舌、四肢，各有功能，彼此分工，合作無間，使人體發揮功能。現代社會也很重視集體創作，分進合擊的精神。團隊裡人很多，事情也較繁雜，如果大家各司其職，把自己分內事情做好，平均分攤責任，又能密切合作，要成事就不難矣。

第三、要遷就大眾：每個人都有各自的特質，懂得善用，就能使其發揮所長。但是，個人也要有團體觀念，以大眾的意見為意見，以整體的目標為目標，少數服從多數，多數也要尊重少數。上位者對部屬能多多給予方便、寬諒、愛護，下位者對主管也要做到尊重、忠誠、服從。每個人都能培養大人物的胸懷，不斤斤計較，以眾為我，和氣相處，就有紮實穩固的力量，共創願景。

第四、要犧牲自我：在團隊裡面，最怕的是你爭我奪，勾心鬥角，你想得點小便宜，他也要多少好處，大家為了一己之利，爭得對簿公堂，六親不認；為了一己之見，爭得惡言相向，如同仇家，整個團隊就此離心離德。大眾相處在一起，為了圓滿事情，對於個人的利益，要多少犧牲一點。處事須以大局為本，本在利生，本沒利亡；重視團隊的發展，個人也會有所成就。

世間有許多力量，有以智慧充實，有以信心堅固，有以慈悲融和，有以願力實踐，能夠集合這些力量，並且容許異己，分工合作，還就大眾，犧牲自我，還怕不能發揮團隊的力量嗎？

第一、要容許異己。

第二、要分工合作。

第三、要還就大眾。

第四、要犧牲自我。

如何團結

有人說，三個日本人可以創辦一個大公司，三個德國人可以主持一個市政府，三個中國人卻會把一個家庭搞得一塌糊塗；因為中國人一向長於「發展自我」。一隻手指頭沒有什麼力量，五隻手指頭合起來，能成為一個有力的拳頭。同樣的，一個人、一個政黨、一個社團，發揮有限，若能團結起來，他的影響，就不可限量了！

如何團結？有四點意見：

第一、容納異己才能團結：一個進步的團體和社會是多采多姿的，除了內部和諧團結外，對外面的反對者也要包容，甚至透過溝通了解，化敵為友，如同佛教有很多宗派，但彼此並不衝突。團結不是要求人人都跟我一樣，而是能擴大心胸，包容不同的思想、言論、風格，彼此相互尊重，發揮所長；如此，才能百花齊放。

第二、分工合作才能團結：古之君主治國，對內靠文官經綸，對外靠武將防衛，文官武將各安本

份，合作無間。現在國家建設、公司管理，也都是分層負責、各司其職又合作團結，才能繁榮穩定。《雜阿含經》云：「有因有緣世間集」，無論任何事，要能分工合作，集體創作，集多數人的智慧、力量，團結起來，才會有卓越的成就。

第三、充實力量才能團結：一般人都知道「團結就是力量」，更明確的說，應該是「有力量才能團結」，有足夠的力量，則無所畏懼。如菩薩具備五明，遍學一切法，集合眾多的力量，才能廣度一切眾生。要成就大事，必須學習菩薩的充實自己。有智慧的力量，就懂得融和自他；有信心的力量，就懂得共識和諧；有慈悲的力量，就能夠體諒自他；有足夠的願力，才成就廣大的事業。

第四、犧牲奉獻才能團結：團結的口號，人人會喊，若要犧牲奉獻個人的利益時，就很難了。例如漢末袁紹，統帥十八路人馬，號稱與仁義之師，其實彼此之間唯利是圖，為了功勳，更是勾心鬥角，哪能團結？相反的，你有勇有謀去打仗，我有錢有糧忙供應，彼此團結起來，再大的敵人也不怕。

一個家庭之中，父母與子女應該互相慈愛尊敬；鄰里和鄰里之間，彼此要守望相助；機關團體上下要同心一意，乃至各宗教、各黨派之間，都應該以團結為重，唯有團結，一切願望才能實現。如何團結？

第一、容納異己才能團結。

第二、分工合作才能團結。

第三、充實力量才能團結。

第四、犧牲奉獻才能團結。

集體創作

今日的社會已經是一個多元化的社會，國與國之間的關係更進入一個全球化的世界。雖然國際間有種族的分別、國家的分別、貧富的分別，但是時代已經進入一個地球村的構想，所以社會要講究分工合作，人類要彼此互助，才能有雙贏互惠的利益。因此，不論是在小社團的機關行號，還是國際間的互助合作；不論是社會經濟，還是軍事政治，大家都要「集體創作」，才能克盡其功。

「集體創作」有幾個必須遵守的原則，我提供四點給大家參考：

第一、有大眾沒有個人：既然是集體創作，每一個份子就要有大眾的觀念，不可以一直表現自己；如果過分的表現自己，那麼在這個團體裡面，就會為大眾所不容。所以，在團體裡，每一個人都要重視大眾。

第二、有團結沒有分化：在社會上屢見不鮮，一些投資的股東，在創業之時，彼此都是非常合作的好朋友；但是在事業扶搖直上，利益當前之時，也是彼此分化的開始。所以說：「創業維艱，守成不易。」假如一個人可以重視團結，重視寬容，重視集體創作，沒有個人分化的行為，那麼才能把集體創作的事業做好。

第三、有為公沒有為私：所謂集體創作，是有志一同的人，為完成共同的理想、目標而努力在一起的團體，為了團體的成長，個人應該屏除私心私慾。在團體裡，只有大眾的意見，不可以執著個人的意見；在團體裡，只有團體的利益，不可太講究個人的利益。那麼這個集體創作的理念才能長久。

第四、有向前沒有退後：集體創作，等於走路，大家的步伐是一致的，不容許個人的腳步太慢，更不容許個人沒有集中力量。就好像團體遊戲裡面的拔河比賽、蜈蚣競走，必須講究統一的步伐才能成功。

「集體創作」就好像佛教的因緣法，譬如蓋一棟房子，必須有鋼筋、水泥、木材、磚瓦等原料才能完成；一棵樹木的成長，要有陽光、空氣、水分，才能長大；一個人要有衣食住行的種種條件，才能生存。所以集體創作，有四個原則：

第一、有大眾沒有個人。

第二、有團結沒有分化。

第三、有為公沒有為私。

第四、有向前沒有退後。

融和的真義

一九九二年五月十六日，國際佛光會世界總會成立大會時，主題演說的題目叫做「歡喜與融和」。世界上沒有比「歡喜」更寶貴的東西了！你有錢，不歡喜，就無法受用；你擁有龐大的事業，很多的眷屬，不歡喜，那些事業、眷屬，都變得沒有意義價值。歡喜也不是僅僅一個人歡喜，是要大家共同歡喜，才有真正的歡喜。這個大家共同歡喜，就是「融和」的意思。融和的真義有下列四點：

第一、融和是一種容人的雅量：要融和，就要學習包容別人，包容別人，對方才肯與我們合作，才能變成彼此的力量。倘若處處排拒他人，大家對我們敬而遠之，與我們保持距離，最後只會到處孤立無援。所以要能彼此尊重，容許異己的存在。融和異己，彼此間才能匯聚友善的力量；士農工商，彼此融和，才能創造安和樂利的社會。

第二、融和是一種平等的對待：融和，不是我大你小、我多你少、我有你無、我尊你卑。融和，完全是一種平等對待。佛教說人人皆有佛性，人人皆可成佛。連成佛這麼偉大的事，都人人平等了，在其他方面，豈可有不平等的對待？因此要保持平等的心念，才能作到真正的融和。

第三、融和是一種尊重的言行：尊重，是人際關係中相當重要的一環。尊重別人的見解、尊重別人的思想、尊重別人的人格，尤其在言行上，更要尊重別人。當他受到尊重時，他也會尊重別人。千萬不能存有「順我者生，逆我者死」的決裂性格，那只會「兩敗俱傷」，無法雙贏。只要是善意的、正當的見解言行，我們都要尊重，才稱得上真正的融和。

第四、融和是一種相處的藝術：人與人相處，如果懂得融和的藝術，就不會覺得和人格格不入，自然擁有和諧的生活，也就不會耗費心力，處理惱人的無謂紛爭。因此，融和是保持人際關係最高的藝術。

一個融和的家庭，必會溫馨幸福；一個融和的社會，必是安和樂利；一個融和的國家，必有富強國力；一個融和的世界，必能和平無爭。融和有四點：

- 第一、融和是一種容人的雅量。
- 第二、融和是一種平等的對待。
- 第三、融和是一種尊重的言行。
- 第四、融和是一種相處的藝術。

自由的定義

在人權意識高漲的今日，「自由」是每一個人追求的目標。人人講求居住自由、婚姻自由、言論自由、通訊自由、新聞自由、學術自由、辦學自由、信仰自由……，什麼都講自由。如何才是真正的自由？個人真正的自由，應該立足於「不妨害別人的自由」、「不侵犯別人的自由」，以及「不踐踏別人的自由」。

基於此，我們由以下四點來看「自由」的真正意義：

第一、自由者道德之根本：我們要講自由，先要以道德做為根本，凡是合乎道德的事情都可以做，才是真自由。如不合乎道德，對人有害的事，則應該再三考慮，不能因為一己的自由，而去侵犯別人、損害別人，甚至踐踏別人。這是欠缺道德觀念，是自私的，不是自由的。

第二、自由者正義之選擇：要自由，必須要選擇正義、公德、合理。正義、公德即是俗話說的「天理」，合乎大眾的，就是在「天理」的範圍之內。因為天理之內享有的自由，才是真正的自由。如果逆天悖理，那是傷天害理，不是自由。

第三、自由者法律之保障：自由必須合乎法律的規範，法律保障每個人的自由，保障大眾的自由。要社會大眾都能享有普遍的自由、免於恐懼的自由、安居樂業的自由，才能稱得上是自由的社會，自由的人生。如果違法犯紀，或是鑽法律漏洞，以圖自己之方便，那是違反道德及法令，不是自由。

第四、自由者軌範之界限：自由要在道德的軌範之內，要在法律的限制之內，而不是漫無邊際的為所欲為。法律限制是公德，良心軌範是私德，唯有在不逾越公、私兩方面的軌範下，享有的自由，才是真正的自由。

在專制時代，有志氣的人認為，自由比生命還可貴，喊出「不自由毋寧死」的口號，進而爭取人民在政治上的自由。自由確實很可貴，但絕不能因一己的自由，而傷害到別人。因此，自由應該立基於道德、正義、法律、軌範之下，才是真正的自由。自由的真意有四點：

第一、自由者道德之根本。

第二、自由者正義之選擇。

第三、自由者法律之保障。

第四、自由者軌範之界限。

自由的意義

法國大革命時，羅蘭夫人曾悲痛的說：「自由！自由！天下多少罪惡皆假汝之名以行！」國父孫中山及黃花崗烈士，為人民爭取自由，不計個人安危，犧牲生命。時至今日，自由卻被無度濫用，甚至說「只要我喜歡，有什麼不可以？」你喜歡，但危害他人、傷及大眾，當然就不可以了，因為這是社會亂象、價值顛倒的原因。那麼，究竟自由的意義在那裡？

第一、對他人的生命不傷害：生命是平等無價的！世間上最寶貴者莫如生命，殺人、濫殺動物，甚至污染環境，都是傷身害命的行為。尤其現今媒體不斷報導自殺的消息，這種「教人殺」的心態，實在是錯誤的示範。你能不傷害他人的生命，就是尊重別人生命的自由。

第二、對他人的財富不侵占：佛教講求「積聚有道」，以培福修德、廣結善緣來獲得正財。但有的人侵占、聚斂、詐騙、竊取，愚癡造業而不自知。如果能以享有代替擁有、智慧代替金錢、滿足代替貪欲，尊重他人的財富，才是獲得功德法財的大富之人。

第三、對他人的身體不冒犯：社會上常有騷擾、強暴、誘拐販賣人口等情形發生，這都是對人身的侵害。《十住毗婆沙論》云：「離邪淫善行有二種果報：一者、妻婦貞良；二者、不為外人所壞。」如果我們能將所有的男子、女人，當做自己的父母手足姊妹一般給予尊重愛惜，心念自然就能清淨而遠離邪見。

第四、對他人的信用不破壞：有些人喜歡挖人隱私、揭人瘡疤，不實毀謗別人的名譽，甚至倒會，仿冒侵權等，這都是破壞他人信用的行為。

一個社會如果人人彼此誠摯，不造假危害，自然能互信互賴，和合無諍；你能尊重他人的信譽，別人也會信任你。

第五、對他人的擁有不嫉妒：佛陀對末利夫人開示：「不嫉妒他人，即能擁有大威德。」吾人對於他人的成就、擁有，要能隨喜功德，樂見其成。凡事比較、嫉妒容易引起人事不和，能夠懂得欣賞他人的榮耀、成就、美麗，也是一種心量的修行。

第六、對他人的生活不干擾：諸佛菩薩都是藉由生活中的八萬細行，調攝身心，體會法義。修行不在背誦千偈，日用中，你能念念用心，不干擾別人，這就是修行。一個人如果時時保持正念覺知，自能語默動靜，不被散亂所擾，也不會惱亂其他的眾生，別人也不會惱害你，這就是一種自由。

自由的意義，要建立在不危害眾生、尊重他人生命上。你看，社會上作奸犯科，身陷囹圄，失去自由的人，大都侵犯他人。因此，以上六點是享有自由的條件。

第一、對他人的生命不傷害。

第二、對他人的財富不侵占。

第三、對他人的身體不冒犯。

第四、對他人的信用不破壞。

第五、對他人的擁有不嫉妒。

第六、對他人的生活不干擾。

施金輝繪

民主的意義

現在的世界，大自國家小至個人，都講求自由民主。民主的意義是什麼？我們都知道民主要取決於多數，然多數的定義又是什麼？如果在民主社會裡，人民雖享有自由，生活卻依然不安全、不快樂，那麼，這個自由民主又有何用？所以，真正的民主要順應民心，要提供一個安全、安定、快樂的生活環境。何謂民主的意義？提供下列四點意見：

第一、所有的行為要奉行法治：民主是講求法治的，不論什麼行為都要合法，事事講求制度，不可一意孤行。春秋時期，管仲奠定齊國的法治；子產重法，改革鄭國國政；商鞅變法使秦國稱霸，統一中國，而韓非子更是集法家之大成者。由此可知，國家必須靠人民奉公守法，推動法治，才能強盛、才能進步。

第二、所有的情理要公正無私：民主的執法應合情合理，不能以私害公，才是民主的真義。《韓非子》言：「刑過不避大臣，賞善不遺匹夫。」就是強調公正無私的道理。春秋時晉平公問祁黃羊，派誰去做南陽縣令？祁黃羊推薦解狐。平公說：「你不是和解狐有怨嗎？」祁黃羊答：「您問的是誰有才能當縣令，與個人恩怨無關啊！」

第三、所有的事務要分工合作：「分工」，就是各盡其能，但分工以外，也需要大眾協助，相互合作。如人之身體，眼耳鼻舌，眼看耳聽，各司其職，但有時也要相輔相成，才更能發揮其功能。在民主體制下，大家分層負責，集思廣益，集體創作，才能創造歷史性的事業，所以分工合作，正體現團結之精神也。

第四、所有的派系要容忍異己：社會是由各種階層的人組成，不同的政黨、派系在一起，要容忍異己，才是民主的精神。美國的民主憲政，就是拋棄己見，圓滿各方需求，才能將各州郡結合起來，共守律法，和平相處。所以容忍異己，才是真正的民主修養。

所謂民主，是要懂得尊重別人，善於溝通，並包容異己，今天的政治家乃至民眾，都應明白此等深層涵義，才是真正的民主自由。

民主的意義有下列四點：

第一、所有的行為要奉行法治。

第二、所有的情理要公正無私。

第三、所有的事務要分工合作。

第四、所有的派系要容忍異己。

民為貴

自由民主很寶貴，世界上沒有比自由民主更美好的。如果在民主的社會裡，人民雖享有自由，生活卻依然不安全、不快樂，那麼，這個自由民主有何用？所以，真正的民主要順應民眾的心聲，提供一個安全、安定、快樂的生活環境，才是最重要的。

兩千多年前孟子就已經提出「民為貴，社稷次之，君為輕」的主張，在「民主自由」口號高入雲霄的現代社會，更應該以民為貴。

第一、有民意才能長治久安：當今的社會，任何政策都要有民意作基礎。當然，既是民意，就無法取得百分之百的絕對值，但「少數服從多數」是大家都認知的遊戲規則，只要能取得大多數的民意基礎，就能獲得百姓的支持，政治才能長治久安。

第二、有民聲才能防微杜漸：民主社會裡，大家都能發表意見，容許每個人自由表達所見所思。就如現在每份報紙都有「民意論壇」版，在那兒大家可以就國家政策、社會現象等發表看法。有了問題，看到的人多，集合起來就是力量，就可以防微杜漸。

第三、有民望才能推展政事：處在高位的領導者，不但要有民意基礎，在民眾當中也要有聲望。有聲望的人才能鞏固領導中心，推展政務。現今社會，民眾的眼睛是雪亮的，誰真正做事，誰只是作秀，大家都看在眼裡，政治人物的聲望已無法靠虛張聲勢得來，必須有政績才行。

第四、有民情才能了解疾苦：古詩說：「鋤禾日當午，汗滴禾下土，誰知盤中飧，粒粒皆辛苦。」在上位者雖不須如農民般挽起褲管下田，像漁民般摸黑出海，像肩挑貨力者揮汗出力，但必須能體恤民情；能夠了解民間的生活，了解基層百姓的疾苦，施政才能真正切合廣大民眾的需求。

先賢流血流汗，前仆後繼的犧牲性命，好不容易換來的「民主自由」，真正的考量點應該是「人民」的民主和自由。人民能安樂生活，國家才能達到真正的安定。因此，在講求民主自由時，應將「民眾」放在第一位。

第一、有民意才能長治久安。

第二、有民聲才能防微杜漸。

第三、有民望才能推展政事。

第四、有民情才能了解疾苦。

如何慶祝國慶

每一個人都有生日，父母會為兒女慶生，子女會為父母祝壽，乃至朋友之間，也會為好友生日相互祝福。而每一個國家，也有國家的生日；除了放假、展覽、集會、遊行、晚會等等，舉行各種慶祝活動之外，還可以用什麼方式祝賀呢？以下四點更有意義：

第一、以服務結緣慶祝：古德云：「有道者，天不滅。」這個道就是善美。國家、社會多一分善美，人間就多一些溫暖與福報。增加善美最好的方式，就是發心服務結緣。例如，機關單位推行便民措施來服務人民；企業研發單位開發生產技術，正派經營，擴大服務範疇；教育注重道德人品、培養各種人才；乃至每個人隨手功德，維護環境整潔、樂於服務助人，這些都是為自己、為國家社會積善修福。

第二、以財富創業慶祝：早期許多白手起家者，他們辛苦創業，帶動經濟起飛；到了現代，工業發達，農業技術進步，乃至科技、資訊發展迅

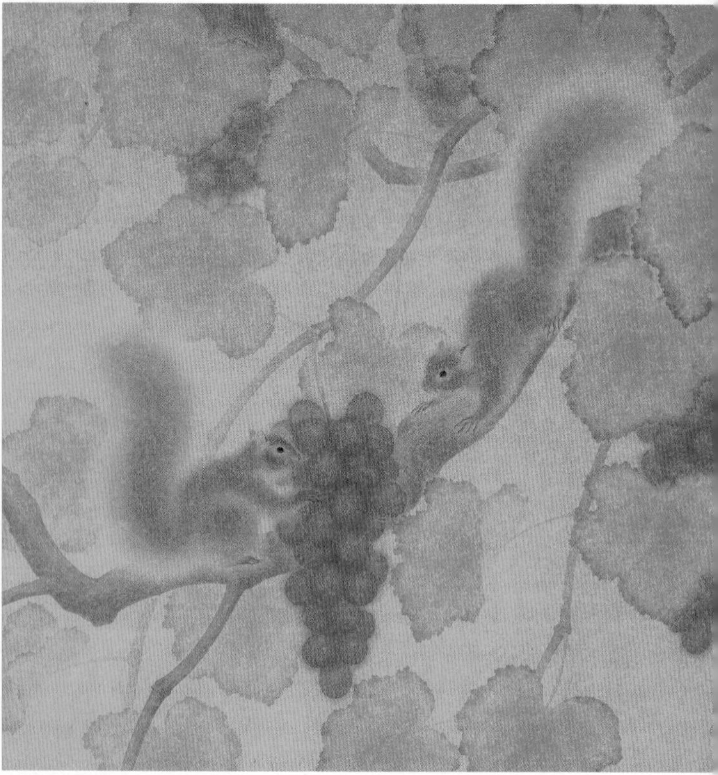

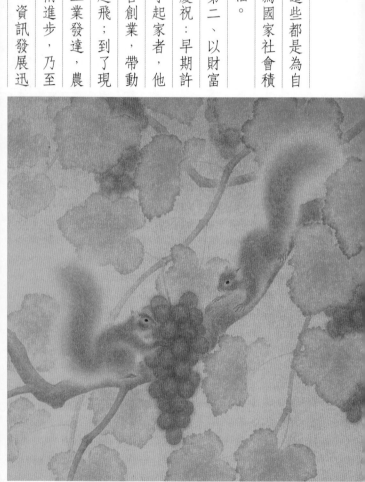

速，都為社會、國家帶來一番卓著的貢獻。如今，我們更應該珍惜現有，把握因緣，積極提倡克勤克儉的精神，就不怕經濟不景氣，以再創財富機運，增加國民平均所得收入。

第三、以文化拓展慶祝：每一個國家、民族，都有它豐富的文化內涵，它是古聖先賢代代相承的智慧，是整個社會、國家、民族的無形資財。「文化」者，就在化心，感化你的心，感動你的心，因此文化的力量，往往勝過千軍萬馬。文化的發揚，可以淨化心靈，文化的價值，可以擴大生命，因此，我們要珍惜自己的文化，尊重包容各種文化，並且重視國際間多元文化的交流。

第四、以團結和諧慶祝：社會、國家要富強康樂，人與人之間需要和諧平安。要和諧平安，就要團結有共識。各黨派、族群、乃至士農工商各界，要能放下歧見、紛爭，化解私怨，以慈悲消弭瞋恨，以寬恕化解仇恨，以信心替代懷疑，以共識凝聚和諧，不計前嫌、各自讓步，才是真正為人民、國家創造和平、安樂。

慶祝，有很多方式，有人主張要熱鬧喧騰，這固然令人振奮，但那只是一時的歡喜，不如以上述四種方法更有意義，加上我們的心香一瓣，祝福國家、社會恆久綿長、民主均富，平安祥和，那才是究竟、久長。

第一、以服務結緣慶祝。

第二、以財富創業慶祝。

第三、以文化拓展慶祝。

第四、以團結和諧慶祝。

光復

光復，意謂失而復得，它也不是光指土地、金錢、權利或榮耀、名譽，當善良的人心、人性，美好的傳統、道德，有所失落時，更要努力重建，這也是一種光復。在這個到處講求快速、進步、競爭、效益的現代化社會，我們要光復什麼呢？

第一、人心光復：現代社會資訊發達、方便，消息的傳遞，彼此的通訊更是快速無比，可是人心之間的距離，卻是愈來愈遠，甚至充塞憂鬱、空虛、不安與失落，種種心靈的病症隨之而起。因此，我們要光復我們的心，讓它遠離沮喪、悲傷，轉壓力為動力，用正向思考代替負面情緒，養成良好的生活習慣、作息，進而建立自我的信心、希望。

第二、人性光復：佛陀告訴我們，眾生佛性平等，具足清淨本性，孟子也主張人性本善。每一個人都有善良、莊嚴的本性，然而，在過度追求物慾的滿足之後，人性卻愈來愈奢華、貪婪、醜陋、投機。幸而現在社會上漸漸有許多人開始自覺，提倡回復人性的儉樸、喜捨、自然、道德，這都是可喜的現象。

第三、人情光復：現代人有句話：「天涯若比鄰，對面不相識。」由於資訊的發達，媒體、電話、網路連繫密切，可是對門的鄰居卻不相識，冷漠成為人情往來最大的障礙。因此，我們鼓勵大家一同效法「歐巴桑」的性格，不怕靦腆丟醜，不怕別人笑話，重拾人情之間相互幫助的溫馨、美好。

第四、人事光復：一個機關團體裡，人事管理可說是最高難度的。應該採取「公平、公正、公開」的原則，專業的事，用專業的人，以事求人，虛位以待，才是用人的最好方法。否則牽親帶眷的裙帶關係，或是尸位素餐，不作事，只有讓人事更複雜、更衰敗。

許多行業在經過一段時間後，就會重現復古之風；軍隊打仗後，要讓士兵復元士氣；土地耕種後，也要休耕再復耕，農作物才能豐收；克己復禮、朋友復交，都是好事。這四點光復的意義，值得我們去努力。

第一、人心光復。

第二、人性光復。

第三、人情光復。

第四、人事光復。

正名

《莊子．逍遙遊》說：「庖人雖不治庖，尸祝不越樽俎而代之矣。」祭祀官不用替廚師煮飯，軍中發號司令的不會是二等兵，公司總經理不需要操心清潔工作，校長不需煩惱學校的營繕工作。每個人管好自己的份內事，就是「正名責實」，就是名副其實。如何才是正名？

第一、行不正不可居其位：大抵上負責哪個職位，就應有符合該身分的能力及素養。為人師表者，在學識品德方面，就應做好榜樣；司法警政人員，就應公正不阿；政府官員、民意代表，則應該以民意為先，為民謀福利。如果當警察卻違法，當教師卻放蕩，當官的卻貪污，那麼不僅名不副實，而且是不道德。

第二、職不稱不可食其祿：古人批評占著職位，享受俸祿而不做事的人，叫作「尸位素餐」；

被罵為「跟死人一樣」，是很嚴重的指責。在分工日細的現代，「尸位素餐」的情形雖大為減少，卻常有不稱職的現象，例如：靠關係占上缺卻無能力，或是雖有能力卻不盡力，或是取得的薪水高於付出的辛勞，凡此都可說是不稱職。我們要常常反省：我擔任的職務，有沒有盡責？我領了薪水，有沒有盡心？

第三、節不義不可正其名：有些人好大喜功、浮華誇世，欲求揚名立萬。但是，如果他的氣節不足讓人尊敬，仁義不足讓人稱道，即使有了虛名，也是浪得。比如：從鄉鎮民代表、縣市議員以至立法委員等各級民意代表，頂著「代表民意」的頭銜，本就應該以民意為己意，為民喉舌。若是身為民意代表，卻逕自做魚肉鄉民，綁標圍標、索賄受賂的勾當，那就有違「民意代表」之名而斯文掃地了。

第四、事不成不可諉其責：有句俗話說「神仙打鼓有時錯」，意思是說即使是神仙，也難免會有失誤。一個人再精明，也無法保證所做的事情都成功。其實，偶有失敗也無妨，「前事不忘，後事之師」，只要能記取教訓，也是一種收穫。若是諉過，不但事情失敗，連人格也是失敗的。

《論語》說：「名不正，則言不順；言不順，則事不成；事不成，則禮樂不興；禮樂不興，則刑罰不中；刑罰不中，則民無所措手足。」希望大家所做所為，都能名正言順。

- 第一、行不正不可居其位。
- 第二、職不稱不可食其祿。
- 第三、節不義不可正其名。
- 第四、事不成不可諉其責。

卷三 認知世間

人生在世，
認識山河、大地、宇宙、環境，
可以擴大生命的空間，
找出人生的定位。

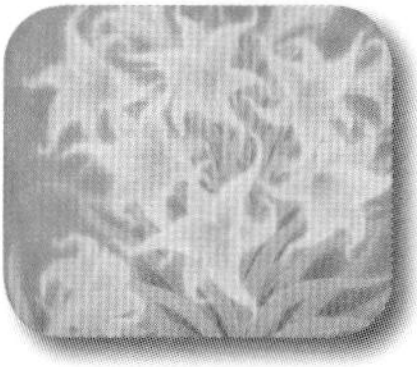

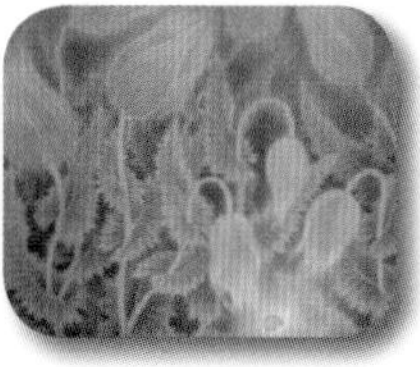

大眾傳播的特色

現代人的生活，幾乎離不開大眾傳播。多數人自早到晚透過報紙、雜誌、收音機、電視、網路等傳播媒介，了解天下事，吸收新知、掌握社會脈動、財經訊息及政治動態，隨時與大眾傳播保持密切關係。大眾傳播對社會大眾的影響力非凡，甚至會左右人們判斷事務的觀點，因此，有責任感的大眾傳播應具備下列六個特色：

第一、有大眾化的平等：大眾傳播媒介站在提供資訊的角度，應作到平衡報導，客觀的將事實呈現，讓大眾有更宏觀的視野，去了解事情的來龍去脈，並據以作判斷。而不應因傳媒個人的好惡而偏頗，以致扭曲社會大眾知的權利。

第二、有道德化的精神：

大眾傳播是公開面對社會，影響力很大，因此，傳播工作者最重要的是要有道德的精神，不以揭發他人隱私、毀謗他人、造謠譏諷為能事，而應以匡正社會風氣為己任。

第三、有善美化的目標：

有些大眾傳播以報導殺盜淫妄等負面訊息為主，其實，社會雖有黑暗的一面，但也處處洋

施金輝繪

溢真善美的事蹟。大眾傳播應儘量發掘、報導這些善美的事蹟，使人性的光輝溫暖社會，並起善性循環的作用，使社會更臻善良美好。

第四、有知識化的內容：許多人以傳播媒體，作為知識的來源，因此，大眾傳播傳達的資訊應有知識性、正確性。若所傳播的內容，充斥揭人隱私，敗壞社會風氣，貪念慾望，這是不道德的，大眾應該對大眾媒體有約束的權力，如拒買、拒看等等。

第五、有文藝化的技巧：文藝美學對世道人心的教化，常具潛移默化之功。大眾傳播應善將詩歌小說，文藝美學等技巧融入其中，一則提高內容的可觀性，再則亦收教化人心之效。

第六、有利眾化的示教：大眾傳播對民眾的示範作用不容輕忽，如果大眾傳播的內容，未能善盡導正視聽之責，反而充斥顛倒是非，混淆價值觀念的情節，誤導或作不良示範，這些負面教材對社會所造成的傷害將難以估算。因此，大眾傳播應以利益大眾為首要考量。

大眾傳播的發展方興未艾，影響層面愈趨廣泛、深遠。傳播媒體有提供各種資訊的自由，閱聽大眾也有自主權選擇適合的傳播內容。在此提出傳媒的六點特色：

- 第一、有大眾化的平等。
- 第二、有道德化的精神。
- 第三、有善美化的目標。
- 第四、有知識化的內容。
- 第五、有文藝化的技巧。
- 第六、有利眾化的示教。

大眾傳播六戒

現代社會，大眾傳播和我們的關係非常密切。每天早上一睜開眼睛就先翻閱報紙，下了班就收看電視節目，開車時收聽電台廣播，閒暇時則閱讀各類雜誌。傳播媒體與人的生活密不可分，因此希望從事大眾傳播業的人，能注意「大眾傳播六戒」：

第一、戒不實的宣傳：社會上每天發生許多溫馨感人的故事，值得媒體傳播報導，過度的虛情假意、阿諛諂媚，失卻了原本讚揚的好意。因此大眾傳播歌頌讚揚時，應恰當合宜，言過其實，反而失真。

第二、戒不真的報導：大眾傳播絕不能因道聽塗說、不了解事實真相而逕自報導；不能聽到一些沒有根據的話，所謂「馬路消息」，不加求證就大肆宣傳、公諸於世。因此傳播媒體應以「知之為知之，不知為不知」的態度，進一步確認後才能報導。

第三、戒不清的資訊：媒體是訊息的傳遞者，也是資訊的傳輸者。血腥羶色等社會亂象的報導，滿足了人們一時的好奇，卻無法提升閱聽人的智能水準。媒體報導應當對社會的安定能有利益，對人類的知識要能提升。

第四、戒不德的誹謗：現在大眾傳播界有少部分的不肖業者，常喜揭人隱私、毀謗人家的名譽，甚至藉由傳播力量對人要脅、敲詐，足以稱之為大眾傳播的敗類。大眾傳播負有促進人類交流、教育大眾的功能，因此，尊重別人的隱私、多報導社會的光明面，是傳播業者應負起的責任。

第五、戒不新的老調：文章寫得好，要有新意；藝術作品能引人注目，要有突破；媒體報導要讓大眾接受，則要與時俱近。時代進步迅速，資訊日新月異，往往前一分鐘發生的事情，後一分鐘就產生巨大的變化，因此，傳播業者要能不斷攝取新知，改革創新，才能推動社會文明的進步。

第六、戒不可的洩密：醫院

施金輝繪

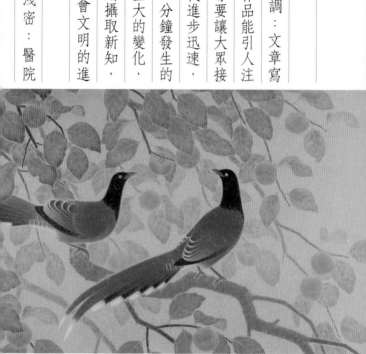

不能洩露病人的病情，商人不能洩露商業的機密，當然傳播業者也應遵守媒體的職業道德，不能逞一己之私，讓新聞成為「獨家報導」而洩露機密，違背了媒體本身應有的原則堅持。

所以「大眾傳播六戒」有：

- 第一、戒不實的宣傳。
- 第二、戒不真的報導。
- 第三、戒不清的資訊。
- 第四、戒不德的誹謗。
- 第五、戒不新的老調。
- 第六、戒不可的洩密。

媒體的功用

我們每天閱讀報章雜誌、接觸媒體新聞，訊息接受最直接，也最迅速，可以說，傳播媒體影響我們的生活最大，報導的內容，實在攸關大眾的身心健康。而當今媒體最為人詬病的是過多負面的報導，不但沒有補強人心，反而戕害人心。媒體如何有效地運用，不濫用功能，以下四點提供：

第一、是善美的：大眾傳播媒體具有淨化人心的責任。有謂：「好事不出門，壞事傳千里」，世間固然有黑暗的一面，除了報導事件始末、關懷實情外，但也有許多真善美的事蹟值得媒體報導，發掘社會良善的一面，讓人性的光輝溫暖人間，啟發善性的循環作用。因此，讓大眾耳濡目染的都是美好的、清淨的、善美的，就能引導社會人心臻至祥和。

第二、是知識的：媒體的功用可說像學校一般，是知識的傳遞者，我們每天花多少時間與傳播媒體接觸，從中獲得許多新知，它對知識多元化的推動具有很大的貢獻，對知識普及化也有深遠的影響。所以，傳播媒體，既做為資訊的傳播者，就應盡社會教育的責任，製作節目、報導內容，具備正確方向，以提升大眾的智識水準。

第三、是趣味的：媒體要吸引大眾收視，就要有一些趣味、幽默，才會有人看。它應該是輕鬆、活潑、人性、新奇、詼諧、啟發，而不是譁眾取寵、幸災樂禍的報導，或者是道人是非，揭發別人的隱私，引起社會大眾的好奇心。甚至，有的訊息經媒體宣揚，衍生出「二度傷害」，讓當事人變成受害者，這些都是不道德的。如果媒體把趣味變成只是冷嘲熱諷，或是製造冷笑話，那就失去立場和意義了。

第四、是感動的：社會上每天都會發生許多溫馨感人的故事，值得傳播報導。但是，媒體對於好事，總是輕描淡寫就過了，對壞事卻不斷重複，讓人感到疲累不堪。希望媒體不要隱善揚惡，能多報導世間的溫馨面、光明面，讓人感動歡喜。例如那裡發生水災、海嘯、地震，許多人出錢出力援助，讚揚社

施金輝繪

會溫暖的一面，少一點負面思考，多一點人性積極面，為社會帶來一股清流，才能使人心向上提升。

要傳播文化內涵、推動文明進步，乃至從升斗小民的心聲傳達、社會普羅大眾的教育，到重大的政經問題的分析、督促國家社會改進，媒體都扮演著舉足輕重的角色。希望媒體不要為了只求商機生存，一味選擇聳動、暴力、色情、刺激的資訊。

期盼還給閱聽人一個乾淨的環境。提供媒體的功用有以上四點：

第一、是善美的。

第二、是知識的。

第三、是趣味的。

第四、是感動的。

真相

有云：「不看一時，要看長遠；不看一處，要看寬廣；不看一人，要看大眾。」世間上什麼事情，都不完全看表面，也不完全看一時，他不是只看某一方面，而是一要能看到內在真相。如何看到「真相」呢？略舉四點參考：

第一、貧病之時知朋友：朋友之交，貴在真心，何等朋友最真心？「酒肉朋友」、「勢利之交」，是你富貴顯達時的好朋友，等到關鍵時刻，便會樹倒猢猻散，沒有任何交情可言！真正的朋友何時能見？當你微賤時，能夠傾身引接，不相捨離；疾病時，願意傾心照顧，無怨付出；失勢時，還是能同甘共苦，患難與共，此等「布衣之交」、「貧賤之交」，才是良友知己。因此，貧病之時知朋友。

第二、患難之時識真情：人和人相處，如何識得真情？你有財有勢，名利雙全時，不一定能識得感情的真實面。唯有處於患難之際，最能驗證人性真情的虛實。親朋之間如此，夫妻之間亦然，甚至有言：「夫妻猶如同林鳥，大難來

施金輝繪

時各自飛。」真情的價值，也隨之散去了。反之，患難時還能噓寒送暖，休戚與共，彼此相依，交融扶持，經得起感情的考驗，經得起世間無常變化，才能識出彼此的真情。

第三、進退之時懂分寸：帶兵作戰，衝鋒陷陣固然好，戰敗之時，若不懂得退兵之計，看不清真相，後果更不堪設想。人生也是如此，勇猛向前是好，但有時退一步，更有無限的天地。一個人在進退之間，能進能退，能大能小，能有能無、能前能後，適時的掌握分寸，就是掌握人生的修養。《孟子．盡心章句上》：「窮則獨善其身，達則兼善天下。」立身處世能進能退，拿捏得宜，你便懂得進退裡頭的真相，就在分寸之間。

第四、得失之時明因果：人的一生輪轉於得失之間，若能體悟得失背後的真相，存在因果的關係，就算春風得意、青雲直上，心不會高傲自大；即便時運不際、命運乖舛，也不會怨天尤人。能夠明因識果，就能無入而不自得；懂得把一切得失，歸之因緣果報，就能改善因緣，獲得不同的結果。因此，不論是非好壞得失，都含存因果的真相在裡頭，只在你能明瞭否？

人間事物，片面的，總會模糊你辨別的能力；一方、一眼、一時、一處，也不一定最真。因此需要你的全面觀照，以智慧洞察，才能透露出事物的真相。什麼時候最能識得「真相」？

第一、貧病之時知朋友。

第二、患難之時識真情。

第三、進退之時懂分寸。

第四、得失之時明因果。

感動

人稱為「有情眾生」，因為有情感的作用，因此容易為了一個人、一句話、一件事而深受感動，甚至讀了一本好書、欣賞了一部感性的影片，都會忍不住感動流淚。

感動是情感的流露，感動是人際關係的潤滑劑；感動的世界很美麗，感動的人生最富有。一個容易感動的人，其生命較有意義，因為感動就是佛心，感動就是佛性。感動有四點意義：

第一、感動是上跟下的融合：在一個團體裡，如果主管經常因屬下的勤勞而感動；屬下也常感受到主管的愛護而感動，上下必然一團和氣。在一個家庭裡，父母要常思想著，如何才能讓子女感動；為人子女者，也要想辦法讓父母感動。有了感動，彼此一定能敬上愛下，和樂相處。

第二、感動是人和人的情誼。人與人之間的互動關係，感動是不可少的潤滑劑。日常生活中，如果你能時時因為我的說話、做事而感動，我也常常為你的禮貌、謙虛而感動，則不管是朋友、同事、鄰居之間，必定能維持很好的情誼。因此一個人每天要時常感動，對於別人所做，要能歡喜感動，自己所做，也要能令人感動。

第三、感動是心和心的交流。在佛教裡有所謂「接心」、「印心」，不管是人與人，或人與佛之間，有了感動，彼此的心意才能溝通、交流。例如當初釋迦牟尼佛發願度眾生，乃至因地修行時割肉餵鷹、捨身飼虎，就是因為「感動」；諸大弟子投身佛教，跟隨佛陀到處弘法，也是因為

「感動」，甚至觀世音菩薩為什麼能給我們感應，也是為了「感動」。感動是心和心的交流，有了感動，才能感應。

第四、感動是你我他的修行。在佛教的諸多修行法門中，「感動」是一個很重要的修行。例如：見到佛陀的聖像，我很感動；見到別人虔誠的在誦經拜佛，我很

感動；見到別人發心布施，我很感動；甚至見到苦難的眾生，因為心中有所感，而發起慈悲度眾的心，這都是感動。

一個人有沒有佛法，就看他能不能感動，在修行當中，能夠修出感動的性格，比較容易有成就。所以我們每天應該思忖著如何讓自己的言語、行事，都能令人感動；能夠因慈悲、發心、謙卑、忍耐、勤勞等行儀而令人感動，就是最好的修行。感動的意義有四點：

第一、感動是上跟下的融合。

第二、感動是人和人的情誼。

第三、感動是心和心的交流。

第四、感動是你我他的修行。

分寸之間

世間法沒有絕對的對錯、好壞，凡事能夠把分寸拿捏得好，就是一種智慧。就如做人，讚美別人是美德，但是不當的讚美成為阿諛，難免遭人輕視；布施是善事，但是如果大肆宣嚷，以別人的苦難來突顯自己的善心，也會惹人非議，所以關於做人做事的「分寸之間」，有四點說明：

第一、讚美能贏得友誼：讚美如花香，芬芳而怡人，能以讚美之言予人者，必得人緣，所以我們和人相處，最重要的就是讚美。基督教唱讚美詩、佛教唱爐香讚，說明佛、神也要人讚美，何況一般人更希望獲得別人的讚美、欣賞。尤其當一個人灰心的時候，一句鼓勵的話，能令人絕處逢生；當別人失望的時候，一句讚美的話，能使人重見光明。所以我們要想獲得友誼，誠心的讚美別人，必定能如願。

第二、阿諛會遭人輕視：做人要「日行一善」，其實日行一善並不難，讚美別人也是一善。但讚美不同於阿諛，阿諛是一種虛偽的奉承，所謂「好阿諛則是非之心起」，所以做人寧容諫諍之友，勿交阿諛之人，甚至被人批評不可怕，受人阿諛才可畏。有的人讚美不當，成了逢迎拍馬、阿諛奉承，也會受人輕視，因此做人阿諛諂媚不說，不當的讚美也要避免。

第三、快樂要懂得分享：做人，有的人能同甘不能共苦，有的人能共患難不能同享富貴。真正的好朋友，要能同甘共苦，自己有了快樂，要懂得分享給對方，當對方獲得了功名、財富、榮譽，成就了好事，我們也要真心的祝福，同享榮耀，千萬不能嫉妒、障礙。懂得分享快樂，人生何等美好。

第四、報酬應藏於無形：古人有「為善不欲人知」的美德，其實為善不一定怕人知道，我們的社會需要有很多的善行美事來帶動社會的風氣，所以真心「樂善好施」的人，不必刻意隱藏。怕的是有的人以偽善來沽名釣譽，例如捐了一點錢給慈善團體，自己馬上大肆宣揚，要人感謝、回報，甚至講話不當，讓接受救濟的人感覺尊嚴受損，這就失去了布施的美意。佛教講布施要「三輪體空」，所以報酬要用之於無形，能夠「無相布施」，才是真正的慈善。

世間上，每個人有每個人的做事風格與處人之道。總之，做人要厚道，要給人留有空間，自他才有轉寰的餘地。

第一、讚美能贏得友誼。

第二、阿諛會遭人輕視。

第三、快樂要懂得分享。

第四、報酬應用於無形。

養神

現代人很注重養生之道。真正的養生應該包括養德、養性，甚至養心、養神。「神」者，所謂「精、氣、神」；有的人身體不好，精神卻很好；有的人作務雖多，每天還是精神抖擻。但是，有的人每天閒著無事，精神總是萎靡不振，要他做什麼事都提不起勁。所以，一個人要想成功立業，固然要有健康的身體，精神飽滿更是重要；就像一部汽車，加足了汽油，才有馬力上路。如何養神？有四點應該注意：

第一、戒飽食，飽食悶神：過去農業時代，偶有親友到家中作客，主人總會殷勤的要客人多吃一點、吃飽一點。其實「飽食悶神」，對健康有害無益，所以現代人提倡吃飯只要八分飽，切忌暴飲暴食。因為均衡的飲食，知量知足，可以讓腸胃正常蠕動，減輕身體機能的負荷，使器官發揮正常功效，自然能長保身體健康。

第二、戒多言，言多損神：有的人好講話，一有機會就高談闊論，賣弄自己的口才，也不管時機因緣適當與否。有時不當說話的時候說得太多，不但會惹人生厭，而且話多傷神。就像醬

菜醃製的時間不到，輕易就把罈口打開，醬瓜鹹菜就會失去應有的美味。所以，一個人適時、適度的發言有其必要，但是話說得太多，所謂「言多損神」，甚至「言多必失」，能不慎乎！

第三、戒久睡，久睡倦神：適度的休息，是為了走更遠的路，但是有的人飽食終日，無所事事，整天吃飽了睡，睡飽了吃，結果睡眠過度，反而精神不振。所謂「神飽不思眠」，愈是精神飽滿的人，愈不思睡；愈是過度嗜睡，精神愈是無法提振。此乃精神沒有寄託，就像疲乏的彈簧，失去彈性。所以人不宜睡得太久，應該適度的運動，並為自己的人生訂定目標，做好生涯規畫，讓精神力振作起來，這才是正常的人生。

第四、戒厚味，厚味昏神：有的人三餐沒有大魚大肉，他就食不下嘸，對於清淡的疏菜，總覺得淡而無味。因為吃慣了重的口味，飲食不是太鹹、太甜，就是太酸、太辣，造成消化器官的負擔。甚至一些人喜食韭菜等五辛，因其本身含有毒性，多吃容易昏神，所以宜應適量為好，切忌多食。

道教內丹學稱精、氣、神為人之「三寶」，一個人精神飽滿，才有力氣，身體才會健康，所以吾人要善於「養神」，有四點提供參考：

第一、戒飽食，飽食悶神。

第二、戒多言，言多損神。

第三、戒久睡，久睡倦神。

第四、戒厚味，厚味昏神。

認知世間

人生在世，認識山河、大地、宇宙、環境，可以擴大生命的空間，找出人生的定位，而認識社會、文化、歷史、傳統，可以延長生命的時間，展現生命的價值。所謂：「豎窮三際，橫遍十方」，對這世間有所認知，才能夠縱觀全局，一切了然於胸。如何認知世間，有四點意見：

第一、對時空，要認知現實：說到時間，有過去、現在、未來、無量阿僧祇劫；說到空間，有東、西、南、北、上下、十方。在無限的時間、無限的空間中，最要緊的是對當下要有認知。把握當下的時間和空間，在對的時間、對的空間，做出對的事情。

第二、對傳統，要認知歷史：唐太宗李世民曾說：「以史為鏡，可知興替；以銅為鏡，可正衣冠；以人為鏡，可明得失。」時代一直在變遷，卻是歷史的延續，知歷史，可以鑒古證今。傳統，是老祖先的智慧經驗結晶，但也不是頑固地死守著過去。唯有認知歷史，順著時代潮流，融和現代與傳統，才能為世人所需。

第三、對文化，要認知普遍：文化有長遠性、普遍性，尤其現今世界已成為一個地球村，各地資訊不斷地交流，人們不能只再單純地活在這個多元化的社會裡。因此對於各種文化、學術、宗教，甚至政治、經濟，都要有普遍的認知。不能普遍的認知，就不懂得包容異己，尊重其他文化；不能普遍的認知，就好像井底之蛙，只是擁有部分的天空，不能看到全貌，所知有限。

第四、對信仰，要認知正當：信仰是發乎自然，信仰能產生力量，信仰不一定要有宗教上的限制，要緊的是不能邪信。有了信仰，就要對真理有正當的認知，這就是佛教所說的「正見」。有「正見」為前導，就好比孤舟在海上得到了燈塔的照明，能引導我們走向光明的人生，使我們的心靈有了皈依，生命得到救護，由此度向吾人清淨圓滿的覺性。因此對信仰要有正當的認知。

園丁認知時令冷暖，才有花紅柳綠；哲人認知時序起落，才明陰晴圓缺；為政者要認知民心，才能獲得肯定，參禪者要認知自心，才能悟道明白。如果吾人不認知這個世間，如何順利地走在人生的道路上？歸納認知世間有四點：

第一、對時空，要認知現實。

第二、對傳統，要認知歷史。

第三、對文化，要認知普遍。

第四、對信仰，要認知正當。

善惡之氣

善和惡是兩個極端，成和敗是兩個階段，這兩個極端、階段的差別其實不是很大，最大的差別只是在「一念之間」。一念善，可能就是成功，一念惡，可能就是失敗，端看吾人的舉心動念，就繫在善與惡。

第一、和為祥氣：「文景之治」以和諧清靜為策，致使海內富庶，國力強盛，奠下漢朝王威之基；司馬昭雖有大將之才，卻心懷乖謬，至今仍被譏評為：「司馬昭之心，路人皆知。」《漢書》有云：「和氣致祥，乖氣致異。」實不差矣！

第二、狂為霸氣：狂妄、自大、傲慢，就是霸氣。霸氣之人，人不歡喜你，甚至也不要你，那必定會失敗。項羽力能扛鼎，才氣過人，自稱

「西楚霸王」，最後卻落得：「生平得盡弓矢力，直到下場逢大敵。人世休誇手段高，霸王也有悲

施金輝繪

歌曰。」印度阿育王稱霸四方，卻見百姓目露仇恨，後來改以佛法化民，廣受愛戴，他才幡然醒悟，法的信服，才是真正的勝利。仁霸之間，勝負可見。

第三、善為喜氣：「善」指安穩美好，能於現在世、未來世中，給與自他利益的清淨法。廣義的說，凡契合佛法，與善心相應的一切思想行為，都可稱之。所謂「家家觀世音」，人們把觀世音菩薩供在家中的正廳，正是因為祂給予慈悲，拔苦予樂。舉凡人都希望你給他慈善，你給他信心，你給他利益，他當然就歡喜你。你能處處與人為善，當然招感的就是一種喜氣！

第四、驕為衰氣：驕是一種自高傲物的心態。佛教說，若憍慢生，則長養一切雜染之法，心不謙下，由此則生死輪轉，受無窮苦。歷史上看，從來沒有一個驕慢的人能獲得成功，凡自高自大者，別人難以認同，自我陶醉者，失去先見之明。苻堅驕氣，兵馬因而大敗於淝水；曹操輕敵，孔明得以借箭於赤壁。因此，能可以自我約束，虛心謙和，那才不會衰敗！

《菜根譚》云：「反己者，觸事皆成藥石；尤人者，動念即是戈矛；一以闢眾善之路，一以濬諸惡之源，相去霄壤矣！」你能慈悲善行，散發喜氣，就能成功；心懷驕慢狂妄，招感衰氣，就要失敗。成敗就只是這麼一點差別，善惡之氣就是在這麼一念之間。善惡之氣，不得不慎。

第一、和為祥氣。

第二、狂為霸氣。

第三、善為喜氣。

第四、驕為衰氣。

防心離過

防心，防患心生貪瞋痴；離過，遠離行為的過失。人最容易犯過的，就是我們的心。眼睛貪看，是心叫它看；耳朵要聽，是心叫它去聽；口中說話，是心叫口說話。經云：「心過失者，謂於身語心中復有所離。」吾人在日常生活中，不論在行為、言語、意念中有所乖違疏離，就是心的過失。佛教裡，「食存五觀」之一「防心離過，貪等為宗」，就是提醒修行人，應時時提起正念，不要眷戀食物的美味，慎防貪心為要。因此，擒賊要擒王，如何做自我規範，自我防備，「防心離過」很重要。提供四點參考：

第一、富貴須防禍臨：「樹大招風風損樹，人為名高名喪身。」在富貴的時候，不可得意忘形，應慎防禍害隨時而來。所謂「爬得愈高跌得愈重」、「高處不勝寒」、「樂極生悲」，不可不慎也。

第二、得勢須防怨來：宋朝法演禪師說：「勢不可使盡，使盡則禍必至。」有的人得到勢力，權力在握，便吆三喝四，心生快意。一旦得勢時，更要防備人家嫉妒你，不服氣你，甚至容易招致怨恨或他人評擊。乃至有些人，乘勢而起，爭一時之龍鳳，等到勢力一用盡，災禍到來時，正如「飛鳥盡良弓藏，狡兔死走狗烹」，因勢得禍，後悔莫及。

第三、盛勢須防謗來：「譽之所至，謗亦隨之。」譽與謗常常是「如影隨形」。一個人有了好名聲，不必急於宣揚自己的貢獻成就，態度應該更謙讓。所謂「直木先伐，甘井先竭」，你像個苦惱人，沒有人會妒忌；你有了名聲，太過得意，可能小人、壞人，就跟著來毀謗你了。

第四、得意須防悲至：得意的時候，雖然值得高興，但須知「山木自寇，膏火自煎」，應當防患未然，謹慎言行，因為不知道會從那裡來給你許多的麻煩與障礙。因此，你有憂患意識，你能未雨綢繆，在得意順心之時，就不怕有不好的事情會發生。

現代年輕人常流行一句話「只要我喜歡，有什麼不可以」、「只要我敢，有

什麼不可以」。「喜歡」、「敢」沒有什麼不對，而是在於背後的動機目的，以及道德觀念的意義與價值。你的歡喜、敢，用錯地方，誤導大眾、危害大眾，那就不可以了。經云：「若縱心自在，常生諸過失。」放情縱欲，終會自作自受。老子也說：「福兮禍所倚；禍兮福所伏」。禍福相因，禍藏於福，福因禍而生，好事和壞事互相轉化，因此，「防心離過」是吾人日常生活中，應學習的一種修養，時時注意的自己的起心動念，為人做事則無愧於心。防心離過，有四點：

第一、富貴須防禍臨。

第二、得勢須防怨來。

第三、盛勢須防謗來。

第四、得意須防悲至。

何為有用

一個人有用沒有用，不在於他的權位高低，而在於他能力的強弱、人品的好壞，以及做人是否禁得起考驗、做事能否與人為善。何為有用，有四點意見：

第一、一句好話，勝於千言萬語：明朝刑部主事茹太素有一次上奏摺，明太祖看了，認為五百字即可表達的事情，他寫了一萬六千多字，而把茹太素責打一頓。相反的，戰國時齊國名臣淳于髡、鄒忌等，能以簡短巧妙的譬喻，令齊威王一改夜飲狂歡、不務朝政之弊，轉而振奮向上，使齊國政治整頓，國勢強盛。可見空話一堆，多說無益；好話一出，流芳千古。

第二、一個好人，勝於千兵萬馬：孔子有教無類的講學，造就無數傑出英才，出仕於春秋各國，其德行也流傳千秋萬世，影響至今；晏嬰「不出樽俎之間，而折衝千里之外」，幾次以機智的外交手腕，息滅激烈的戰爭；漢末局勢紛亂，諸葛亮初出茅廬，就奠定三分天下的局面。一個有用的人，總能運用機智，獻出良好計謀，在必要的時候，做出關鍵決定，勝於千兵萬馬於沙場大動干戈。

第三、一件好事，勝於千金萬兩：千金萬兩若揮霍無度，不久也會坐吃山空，還不如把它用來做一件好事，讓更多人受益。昔日的溪邊老母，救濟一餐飯，成就了韓信這樣一位開國名將。救人一命，勝造七級浮屠；日行一善，累積福德資糧；心存善念，可以避禍免難；好事多做，可以廣結善緣，凡此都是無價又無量的功德。

第四、一顆好心，勝於萬年苦修：過去有一位苦行者，在山裡精進辨道，三十年修到不動心的境界，卻因為一個小牧童的戲弄，生起一念瞋恚心，而功力頓消。萬年苦修固然了不起，但若是習氣不改，心中瞋怨難消，或者修到沒了慈悲心，跟木石一般，那麼修行再久也是枉然，還不如平常人擁有一副好心腸，時時幫助別人，而得福慧增長。

如何成為一個有用的人？勤學不倦是第一要件，學習說話，一句好話三冬暖；學習做人，布施結緣，利益他人；學習做事，悲智雙運，福國利民；學習修心，好心一顆，增福增慧。如何有用？以下四點：

第一、一句好話，勝於千言萬語。

第二、一個好人，勝於千兵萬馬。

第三、一件好事，勝於千金萬兩。

第四、一顆好心，勝於萬年苦修。

捐贈器官

現在社會上的慈善家、有德人士都在提倡器官捐贈，我個人也響應，並且早已立下志願書，做了器官捐贈的準備。

捐贈器官有很深的意義，《大丈夫論》謂：「菩薩為求一切種智，及悲愍眾生故捨身，同時亦令慳貪之眾生起布施心。」都是在說明器官捐贈的偉大情操。

捐贈器官也可以說是佛教的首創，因為在兩千五百多年前，佛教教主釋迦牟尼佛的過去世為國王時，即以「割肉餵鷹」的胸懷作了器官捐贈的義舉，此舉並成就他的菩薩道。此外，佛教經典也記載不少捨身例子，例如：《金光明經》的薩埵王子捨身飼虎、《大般涅槃經》的雪山童子為聞佛法捨身給羅剎等，這些捨身捨命的人，比死後才捐贈器官的行為更是了不起。

還有古代的高僧大德，在動亂的時代裡，為了解救眾生的苦難，為了真理的需要、佛法的流傳，他們犧牲自己的生命，將生命布施給眾生，奉獻給常住，都是器官捐贈意義的再延伸。所以捐贈器官，其價值有四點：

第一、遺愛人間：人體的器官，到了人生百年後，可說都是沒有用的物質，如果能把這個身體沒有用的物質再加以利用，讓它幫助有需要的人，就可以延續它的機能價值。例如，將眼角膜捐給患有眼疾的人，讓他可以重見光明；把腎臟捐給有腎臟病的人，讓病人可以恢復健康，延續他的生命。把自己身後的各種器官，留給需要的人，就是遺愛人間，這是偉大的布施。

第二、資源回收：天地承載我們，父母孕育我們，社會大眾也貢獻給我們許多資源，而我回饋給人間的是什麼呢？假如說，人生到了最後把自己沒

施金輝繪

有用的物質給人家來利用，這就是將天地間的資源再回收，是很有意義的。

第三、慈悲喜捨：捐贈器官意指捨棄身命，佛教視為最上乘之布施。據《大智度論》載：「布施財物為外布施，捨身則稱為內布施。」所以，若能捐贈皮膚、眼角膜、腎臟、骨髓等器官就是在行大慈悲、大喜捨、大布施。

第四、延續生命：布施我們沒有用的器官，藉它延續生命的存在，這不是很有價值嗎？

所以，捐贈器官的意義值得提倡：

- 第一、遺愛人間。
- 第二、資源回收。
- 第三、慈悲喜捨。
- 第四、延續生命。

廢紙回收

現在世界各國，各種環保運動，正如火如荼的展開，因為萬物賴以維生的地球，大家要愛護，尊重長養我們的地方，讓地球的生態，有永續發展的空間。其中。舉手之勞的「廢紙回收」，看似小事，在維護地球資源上，卻是非常的重要。尤其當今紙張用量相當驚人，舉凡報紙、書籍、報告書等，林林總總的印刷品，無一不是紙張；而這些紙，都是來自深山樹木。所以廢紙回收不但重要，而且刻不容緩。以下有四點說明：

第一、養成勤儉的習慣：當人連輕薄的紙頭，都捨不得丟棄，無形中，對於其他物質，就更能愛惜。累積的回收廢紙，也能變賣，有心的父母，可以將此當成孩子很好的教育，教導孩子勤勞。因此廢紙回收，能養成勤儉習慣。

第二、培養惜福的觀念：中國人自古以來，就有敬惜字紙的觀念，除了看重文字的神聖外，也是珍惜紙張得來不易。一個人的福報，就如同儲存在銀行的存款，要愛惜，不輕易浪費。

透過惜福，才能保福。隨手作廢紙回收，就是隨處愛護身邊資源，正是惜福觀念的養成。

第三、建立環保的共識：製造一公噸紙張，大約需要消耗二十棵高度八公尺、樹徑十六公分的原木；每棵樹要長到這麼大，平均約需二十到四十年的時間。由於過度砍伐山林，山林永遠趕不及復原，空氣污染、水污染、酸雨、沙塵暴、土石流跟著來，風調雨順將變成奢求，大環境生活品質日益低落。回收廢紙運動，讓我們的環保工作從最根本作起。

第四、共創整潔的環境：紙張的用量既然如此巨大，若不建立良好的回收管道，它的污染將相當驚人。因此，用心回收廢紙，不但是資源的再利用，也可以大量減少垃圾，讓大家擁有潔淨的境。

廢紙回收不僅是在經濟的考量，更有這四項重大意義。甚至佛光山福山寺和鳳山禪淨中心，就是在僧信二眾共同辛勤下，以廢紙回收所得，創建一座莊嚴清淨的殿堂，給予眾生一個安心立命的場所；乃至以廢紙回收的淨款，以及百萬人興學，增加了佛光、南華二所大學的建校基金。其「化腐朽為神奇」的意義功德，更激勵我們在舉手之間，積極作廢紙回收工作。

第一、養成勤儉的習慣。

第二、培養惜福的觀念。

第三、建立環保的共識。

第四、共創整潔的環境。

如何消除暴力

今人最憂念的社會問題就是暴力。不但社會上有暴力，就連應該是避風港的家庭，暴力事件也時有所聞。不禁令人感嘆：「這個社會怎麼了？」如果社會風氣可以轉暴戾為仁義，轉剛烈為忠恕，才是大眾之福。如何消除暴力？四點意見提供大家參考：

第一、以平等觀化解冤家：古人說「冤家宜解不宜結」，為什麼形成冤家？「不平等」是主要因素：你大他小、你尊他卑、你樂他苦、你強他弱、你富他窮，這些不平等讓人不服氣；若又有以強欺弱的弊病，更令人氣結。怨氣累積成戾氣，不免相見成冤。所謂眾生平等，不管大小貧富苦樂，生命的尊嚴無有高下，如能以平等觀共存共榮，就能解冤釋結。

第二、以慈悲觀消除怨尤：《大乘本生心地觀經》說：「伏瞋恚心慈悲觀，當念宿因對怨害。」我們沒有宿命通，無法知道在無盡的生死輪迴中，自己曾經如何苛待別人，陷害他人，對他人不友善。

因此，今生縱有人怨恨、忌妒我，都不應該有報復的心念，應該更慈悲的對待他，以慈悲來消除他的怨恨。

第三、以因緣觀淨化人我：世間上最複雜繁瑣的就是人際關係，有人的地方就有處理不完的紛爭。靜心思之，主要的癥結在於缺乏互相尊重。世間上億萬眾生，這輩子與我們有照面機緣的是當中的少數，而見面又能相識者，更是微乎其微，這緣分豈容小覷？理應珍惜緣分，以彼此尊重禮遇來淨化人際關係。

第四、以定慧觀發展潛力：每個人都有潛力，慈悲是潛力，智慧是潛力，仁心是潛力……。這些美好的特質潛而不顯多可惜。

透過持戒、修定、智慧來觀照內心，發揮潛能，如同善用庫藏的財富改善生活，也讓這些潛力寶藏，改善社會上粗暴無禮的風氣。

每一個人都是社會的一份子，社會風氣不好，人人都有責任。我們應義無反顧地擔負起改善風氣的責任，由自己做起，以你的平等、慈悲來感動周遭的人，讓大家體悟要重視彼此的因緣，能定慧等持，一起以善良來柔化剛強，以祥和之氣來取代暴力。

第一、以平等觀化解冤家。

第二、以慈悲觀消除怨尤。

第三、以因緣觀淨化人我。

第四、以定慧觀發展潛力。

希望工程

修一條路，把路修好，給人方便行走，就是一項工程；做一條水溝，疏通水勢避免堵塞，也是一項工程；起一棟房子，給人安住，建一所學校，興辦教育，都是一種希望工程。無論辦什麼事業，只要是利益眾人，都是一種希望工程。除了有形硬體的希望工程建設外，還有軟體的希望工程，包括那些呢？以下四點：

第一、身心的希望工程：身體要健康，就要運動、要保養，心理要健康，不要煩惱，也要給它安住、給它自在、給它解脫。身心的希望工程，要從培養忍耐力、精進力、慈悲力做起，正知正見，身心調和，生活會獲得安穩，生命會獲得安定。

第二、家庭的希望工程：家庭的份子有父母、兄弟姐妹、子女，有的三代同堂，有的四代同堂，甚至有叔伯、妯娌等等生活在一起。經營家庭，也是一種希望工程，就等於用水泥把沙、石、磚頭和在一起，團結起來，才有力量，一個家也要用愛、用包容、用尊重來管理，凝聚彼此的心意，才會平安、和諧、溫馨、幸福。

第三、文化的希望工程：一個社會是否進步，要看這個社會人文的內涵、大眾的語言、生活、習慣、教養、思想等等，這些都在文化的範圍裡。因此，建設文化、提倡人文，就是一種希望工程，藉由讀書、音樂、美術、書法、藝術的修養，陶冶人文氣質，養成彬彬有禮，養成謙謙有德，讓自己擁有如詩、如畫、如歌的人生。

第四、世界的希望工程：人生活在這世間，無論衣食住行、周遭點點

施金輝繪

滴滴，都無法離開大眾，因此我們不能只是獨善其身，必須從自己擴大出去，包括我的社會、我的國家、整個世界，都在我的希望工程裡。因為社會好、世界好，我們所在的社會、世界自然美好；從自己做起，對人多一份關心，對世界多一份關懷，就會有善美的循環，這世間會多一份希望。

古人的立德、立功、立言，給人學習做法、給人智慧典範，是一種希望工程；乃至建設寺院，成為善友往來的聚會所，人生道路的加油站，去除煩惱的清涼地，淨化心靈，孕育法身慧命，這也是一種希望工程。以上這四點希望工程，都是我們每一個人應該努力把它做好的。

- 第一、身心的希望工程。
- 第二、家庭的希望工程。
- 第三、文化的希望工程。
- 第四、世界的希望工程。

先種後得

世間上的事物，增也不見得是增，換另外的角度看，增也是減；有時，苦也不見得是苦，換個角度想，苦盡甘就來。有時受到要求、苛責，也不見得不好，或許那正是增上緣；有些人態度謙和，狀似無物，文章道德卻是一等的。在此提出四個看法：

第一、無情歲月增中有減：過年時，常看到有人在家門口貼上「天增歲月人增壽，春滿乾坤福滿門」的春聯。日子一年年的過，年齡一歲歲的長，可是這個「增」是真的增嗎？經典說：「是日已過，命亦隨減，如少水魚，斯有何樂？」年歲的增加，一方面也表示生命的耗損；歲月無情，年命有盡，如何能不警惕？

第二、閱讀詩書先苦後甘：古人「寒窗十年」，就等待「一朝成名」；現在的孩子，從幼稚園到大學，將近二十年埋首書堆，還不一定能有所成就。如果將讀書當成應付考試，虛應故事，那麼，苦就是白受的。如果能培養讀書的樂趣，等到能自如地受用累積的豐富知識後，就會發現之前辛苦的代價是「其樂無窮」。

第三、敦品勵學清白如玉：有一個修行人，在俯身嗅聞蓮花香氣時，受到花神的斥責，修行人說：「別人摘取蓮花，都不見你喝斥，為什麼我只是聞香，你就生氣？」花神說：「因為他們像黑布，即使沾了墨，也看不見，可是你像一匹白絹，雖僅是半絲污點，也特別明顯。」修行的人，別人大都會以較高的標準來審視他。一個人如能持續精進，經過時間的淬煉，人格自然清白如美玉，也能得到別人的歡喜與讚歎。

第四、道德文章清淡似水：中國有句古話說：「學問深時意氣平。」意思是學問、道德修養愈好，意氣愈平和。一個人真有道德，真有學問，必定不會特意標榜自己的道德學問，不會特意顯得高高在上。他散發的氣質，就像清風明月，像清淨平和的流水，到處受人尊敬，周圍的人也都歡喜和他親近。

「要怎麼收穫，先怎麼栽」是大家耳熟能詳的名言。有時努力之後，獲得的並不是物質報酬，而是精神上更有意義的成長與滿足。因此，胸量放大，眼光放遠，必定能有收穫。

第一、無情歲月增中有減。

第二、閱讀詩書先苦後甘。

第三、敦品勵學清白如玉。

第四、道德文章清淡似水。

大獲得

人人都希望獲得。獲得金錢、獲得事業、獲得愛情、獲得滿足……，但這些事相上的獲得，終究會有因緣散去的一天，唯有精神上的獲得，才能歷久不失。如何「大獲得」呢？以下四點貢獻：

第一、能吃虧可以獲得大便宜：佛教教人忍辱負重，看似吃虧、受損、遭辱，其實是獲得便宜，是修行的良方。大禹治水，為民謀福，三過家門而不入，最後被公推為皇帝；管仲常佔鮑叔牙便宜，鮑叔牙卻推薦他作宰相，不僅傳為美談，也利益國家百姓。《佛光菜根譚》說：「被人利用不是壞事，能被人利用，表示自己有能力，還有存在的價值。」學習吃虧能養德修福、廣結善緣，實為自身獲大便宜也！

第二、能受苦可以獲得大安樂：所謂「梅花香自苦寒來」，吃苦是安樂的逆增上緣。密勒日巴為消黑業，忍苦精進，成就開悟大法；霍元甲幼時多病，忍苦練功，成就一身俠氣；無論做什麼，沒有十年寒窗努力，那能有所獲得？〈勸發菩提心文〉說：「若以修行為苦，則不知懈怠尤苦；修行則勤勞暫時，安樂永劫；懈怠則偷安一世，受苦多生。」一時的勤勞苦修，換來永劫的安樂，何樂而不為呢！

第三、能平氣可以獲得大力量：許多人為了爭一時之氣，大動干戈，與人結惡。憨山大師說：「老病死生誰替得，酸甜苦辣自承擔，一劑養神平胃散，兩重和氣瀉肝腸。」心平氣和，才能不失方寸，調御躁急；心平氣和，才能長養智慧，止於至善。它是智慧、是化解、是慈悲、是忍耐，能遠離瞋嫉，涵養包容，在違逆的人事、環境當中，獲得大力量。

第四、能散財可以獲得大積聚：散財、布施、喜捨，就像尼拘陀樹種子，一生十，十生百，收成不絕，繁生無盡。佛陀時代，須達長者歡喜濟弱扶孤，贏得了「給孤獨長者」

的雅號；培根說：「財富就像肥料，如果不予以布施，便失去了它的好處。」不正為此做出最佳的佐證。因此，現在播種、耕耘、培植，將來自然結實纍纍，獲得大積聚。

你正為吃虧、受苦而悶悶不樂嗎？你因氣不平、散了財而耿耿於懷嗎？無需罣礙，只要肯放下執著，勇於承擔，努力不懈，因果絕不負你，最終必會獲得大便宜、大安樂、大力量與大積聚。

- 第一、能吃虧可以獲得大便宜。
- 第二、能受苦可以獲得大安樂。
- 第三、能平氣可以獲得大力量。
- 第四、能散財可以獲得大積聚。

尋求根本

我們常見到有一些信徒到寺院、神廟、教堂去求長壽、富貴、聲名、名譽、平安等等。其實，也不一定向佛祖、神明、上帝求就能得，應該求自己。如何求得福壽聲譽，有四點意見：

第一、欲求富貴者，在於立志：要想榮華富貴，其實，上天不能給我們，神明也無法給我們，而是在於自己立志奮發向上。古德云：「三十三天天外天，九霄雲外有神仙，神仙本是凡人做，只怕凡人心不堅。」所謂心願有多大，努力有多少，成就就會有多大。就怕吾人凡夫立志不堅定，不肯努力培養因緣，那就難登富貴之門了。

第二、欲求福壽者，在於存心：古人說：「積善之家慶有餘」，佛教也說：「不殺生而得長壽」。宋太祖的大將軍曹斌，攻打四川時，遇到一位聖者告訴他：「將軍中年發達，晚年不好，要做善事改變命運。」曹斌拿下四川後，廣施恩德，造福百姓，又遇到聖者，他說：「大將軍面容改變，必可位居宰相，晚景榮顯。」後來曹斌果真官居高位。長壽福報在那裡？存乎一心。一念心之慈，一念心之仁，可以得到無邊的福壽。

第三、欲求和樂者，在於正行：許多人希望求得家庭人事和諧，求得自己生活安樂，這也不是什麼人可以給你和諧、給你安樂，凡事要靠自己正行。你的行為正當，你的語言正當，你的思想見解都正當，當然就會得到和平安樂。

海基會前董事長辜振甫先生，他的至理名言：「謙沖致和，開誠立信。」一生舉措，無不以誠信、寬厚待人，全家上下一片祥和，就是最佳的典範。

第四、欲求聲譽者，在於養廉：我們可以看到，歷史上的包拯、海瑞、陶澍等，由於為官清廉，留下好名聲，他們的事蹟，不斷地被後人所稱頌，至今仍被稱譽為「清官」。為此，只要身行廉潔正直，不收受賄賂，不走小門道，光明磊落，不貪不求，自然受人尊重，得到聲譽與讚美。

有云：「如是因，如是果。」一個人的命運好不好，有沒有福壽聲譽，不必祈求他人的給予，而是掌握在自己的心念與造作。要求得福壽聲譽的根本，以上這四點很重要。

第一、欲求富貴者，在於立志。

第二、欲求福壽者，在於存心。

第三、欲求和樂者，在於正行。

第四、欲求聲譽者，在於養廉。

「好」之四利

每一個人都有「喜好」，喜好會成為自己的興趣，也會成為自己一心想要的需求。「喜好」有利有弊，例如，有的人喜好養動物，如果是基於慈悲、護生則利，若是專寵一物，傷神無志；有的人喜好品酌，如果是基於養生則利，若是酩酊大醉則有害；有的人喜好各種藝術，如果能分享大眾則利，若玩物喪志則有害。所以，「喜好」有利有弊。有利的喜好有四點：

第一、好讀書，則智慧生：人生，無論是好酒、好財、好琴、好笛、好狗、好馬、好綢、好緞……，凡此眾好，各有一失，人唯好學，於己有益。所以，一個喜歡讀書、博學多聞的人，必然能從書中擷取前人的經驗，必然能與書中的善知識神遊，獲得智慧。所以說開卷有益，好書能變化氣質，能增加智慧，能知道更多的常識、好書的人，只要不讀死書，把書讀活了，則人生有大利益。

第二、好道德，則人品高：有些人的喜好，非常重視自我的形象，他對自己的道德、人品要求很高。所以喜好道德的人，不必社會的輿論來要求他，也不必國家的法律來限制他，他的自我要求、自我規範，會促使自己的品格高尚，為人所尊敬。所以，一個人道德品格的修養非常重要。

第三、好勤勞，則受尊重：勤有功，嬉無益。一個人養成勤勞的習慣，必然會受人尊重。例如，早起整理家務，家人必定讚歎；上班勤於工作，則受主管器重；進入社會，勤於為大眾服務，則交相讚美，必然實至名歸。勤勞，就是黃金埋在土裡，也要勤勞去挖鑿；水果長在樹上，也要去勤勞採摘，才有收成。所以好勤勞不但可以補拙，也能獲得意想不到的因緣。

第四、好義行，則有好報：凡人都希望有好的未來，但田裡未來的收成，必須要有好的種子；家庭裡的清潔衛生，必須要有心去整理；傷殘災難必須要有義行的人去奉獻，他必然會獲得好報。說人家一句好話，憑這一點義行，就會有意想不到的未來，給人一點方便，就有意想不到的好報，榮華富貴，錦衣玉食不是天上掉下來的，是一個人的義行累積，所以好義行者不愁沒有好的未來，必然有好的因，才有好的結果。

所以，「好」之利有四點：

- 第一、好讀書，則智慧生。
- 第二、好道德，則人品高。
- 第三、好勤勞，則受尊重。
- 第四、好義行，則有好報。

歷久彌新

人世間的許多事物，會隨著時間而改變，但有些觀念與價值，縱使時代在變遷，依舊歷久不廢，仍然跟得上時代，不會落伍。「歷久彌新」，就是指事物的價值判斷或自我實現等，能禁得起長時間的考驗。這裡有四點意見貢獻給大家：

第一、窮當益堅：古人說「禍福無門」，我們一生中，難免會有時運不濟的時候，遇到困難時要「人窮志不窮」。愈處貧窮低下，愈要表現出自己人格的清高；縱使雪壓霜欺，也要有如秋盡冬初的菊花，不為寒霜所屈。一個人如果到了貧窮就不講究節操、不講究義氣，那才是真正的貧窮。所以金錢上的貧窮不怕，寧可廉潔刻苦，也要窮當益堅。

第二、富當益謙：「富在知足，貴在求退」，名望未必會伴隨富貴而來，即使是富貴人家，也要進德修業，謙虛自養，才能受人尊重。所謂「滿招損，謙受益」，一個謙沖自牧，肯屈尊降貴為人服務的人，才會受人尊敬和喜愛。海基會前董事長辜振甫先生，不以自家財富為傲，一心繫於國家人民的前途安危，因此在他過世時，不分黨派立場，許多人同來默哀靜禱。

第三、少當益勤：我們常說：「黃金隨著潮水流下來，也要起早去把它撈起來。」一個人如果地位很低，金錢很少，日用艱難，都不要緊，只要肯勤勞，不怕辛苦，必定有致富的一天。天下沒有白吃的午餐，美國前總統富蘭克林也曾說：「勤奮是幸運之母。」有的人找職業，常常要別人介紹，其實如果自己肯毛遂自薦，主動讓老闆試用半個月、一個月，以勤勞負責任的態度來工作，何愁沒有工作做？

第四、老當益壯：年齡大了，並不可怕，重要的是保持一顆年輕的心，唯有老當益壯，才能不受淘汰，也唯有努力不懈，才是永保青春的最佳方法。當努力有成果時，自己也會不知不覺地成長起來。當做事有了信心，生命就更加有意義、有價值，活力與年輕亦會隨之而來。

天下沒有一成不變的事，人也不會永遠順利成功，在面對多變詭譎的世局時，要懂得順勢調整自己的心態，努力提升自我內在的精神世界。此外，平日養成學習的習慣，懂得自我幽默，就不怕外在種種的限制。

歷久彌新有四點觀念：

第一、窮當益堅。

第二、富當益謙。

第三、少當益勤。

第四、老當益壯。

施金輝繪

說理的分別

你喜歡有道理的人，還是喜歡不講理的人？不用說，必定是有理之人較受歡迎。所謂「有理走遍天下，無理寸步難行」，世間的人我關係、人我次序，它都有一個道理；乃至天有天理、地有地理、物有物理，人有心理，那一樣不講理呢？但是，現代有一些人，理太多了，不相干的事情，他也能說出一大堆的理來，那就「理不對題」了。有時候，理太多也不必要。以下，說明理的輕重、分別：

第一、不願說理是固執：有些人，明知道事情真相，可是他卻抱著「算了、我不講了」的消極心態，就是不要把它說明，這就是固執。擇善而固執是沒有錯，但是你抱殘守缺，不肯接受真理，不肯講出道理而作繭

高永隆繪

自縛，這也是不對的，甚至自找苦吃，自己要去承受不願說的苦果。

第二、不會說理

是傻瓜：有的人，他有理，你叫他說，可是他不會說，也說不清楚，來龍去脈不能說明白，讓人聽了也不知道說什麼。這還可以從一次一次練習中，改變自己的表達能力，逐漸進步的。

第三、不敢說理是奴隸：第三種是，他知道是非，知道真相，但他就是不敢說，用「我認了」、「算我吃虧」、「算我上當」，草草了事。不敢說理，是一種奴才的性格。這是不明白因緣始末，內心怯弱，缺乏勇氣、信心和力量不夠所致。這必須在不斷充實自我中，增長智慧，建立自信；在精進努力中，增長福德，建立尊嚴，就能漸漸遠離不敢說的煩惱。

第四、不肯說理是無知：第四種是，他有理，但他就是不肯說，他認為「好啦，給你們冤枉，給你們怪，給你們去亂說，我就是不辯。」這個叫無知。無知的過失，是不知道錯在那裡？嚴重者，甚至誤人誤事，你有理為什麼不說呢？

理它必須是付予公理、公義、公有，理是公平的、理是平等的、理是大眾的。有的時候，這一邊有理，那一邊也有理，這就要用智慧來相互的擺平。有的時候，你在這邊看是這樣，在那邊看是那樣，有很多的矛盾，雖然如此，彼此也會有個關係，有一個原則。因此，不講理的人，是不可理喻，太過講理的人，過於精明，也不能代表一定是對的。這四點說理的分別，我們不能不去注意，而且要分別清楚的認識，當說則說，當不說則不說，為最重要。

第一、不願說理是固執。

第二、不會說理是傻瓜。

第三、不敢說理是奴隸。

第四、不肯說理是無知。

勿

人心常會隨著時空、環境、人事起伏，重要的是，不能因為情緒高漲或鬱沉而妄作妄為，應當在心情和行動之間取得平衡點，才不致造成不良後果。所以，「勿」有四點建議：

第一、喜悅時，不可輕諾寡信：常聽人家說，某人被錢誘惑了、某人被感情沖昏了頭、某人被名利搞得暈頭轉向。歡喜是好事，但是過度歡喜，沉迷其中就不妥了。所以，歡喜也要忍耐。人在極為興奮的時候，往往缺乏理性思考，容易做出錯誤的判斷；人家要求什麼，反正快樂就好，總是不經大腦思考隨即答應，等到心情平靜時，想想又覺得不能勝任，來個反悔，這就輕諾寡信了。

第二、辭別時，不可瞋恚憤恨：人生好比是一個舞台，有上台的時候，也有下台的時候。有的人帶著雀躍的心情上台，帶著如釋重負的心情下台，一派輕鬆自在，但是有的人一旦該下台了，卻猶如天地變色，失落感油然生起，甚至憤恨、抵抗，造謠生事，弄得人心惶惶。其實，人只要有實力、有人緣，何患沒有將來？轉換另一個舞台又何嘗不可呢？

第三、惱怒時，不可輕易決定：人在氣憤時，思慮往往不夠成熟，以至於什麼話都敢說，什麼事都做的出來，所下的往往是最錯誤的決定，會把事情搞砸了。西諺云：「盛怒之下，不做決定。」盛怒時應避免倉皇決定事情，以免後悔莫及，甚至讓關心你的人傷心難過。

第四、功成時，不可志驕意滿：人一旦成功，切莫志得意滿，應該記得當初失敗的教訓，不斷地求進步；更不要忘記，成功也可能因為鬆懈而步上失敗的道路。尤其成功不是偶然的，也不是一個人就能成就的，而是各種因緣促成。所以，成功之後應當更加謙虛，懂得感恩及回饋。

世間事有所為，也有所不為，尤其在喜、怒、哀、樂的情緒展現強烈時，更應及時告訴自己「物極必反」。日常生活中，不能不隨時提醒自己的「勿」有四點：

第一、喜悅時，不可輕諾寡信。

第二、辭別時，不可瞋恚憤恨。

第三、惱怒時，不可輕易決定。

第四、功成時，不可志驕意滿。

勸告的藝術

《論語》說：「君子以文會友，以友輔仁。」朋友之間彼此有規過勸告、砥節礪行、進學長識的作用。佛教說「善知識」，是正直而有德行，能教導正道之人。《三字經》也云：「養不教，父之過。」兒女有了過失，父母當然要盡教導之責。甚至，我們看到子姪晚輩、同學、同事犯了過錯，也會想提出一些規勸，可見勸告在人際之間的重要。問題是，人都喜歡聽好聽的話，受到他人的肯定，所謂的「忠言逆耳」，如何才能讓規勸的忠言達到效果，提供以下四點參考：

第一、辭達則止不貴多言：所謂「責人不必苛盡，留些餘地予人，留些肚量予己。」規勸他人時，最好是點到為止，留些餘位給對方有思考的空間，不要再三強調，把話說盡，讓對方覺得心煩氣躁，不耐煩，而失去勸告的意義。

第二、持之有據言之成理：最好的勸告方式，是據理而言。態度可以包容、寬厚，話可以避重就輕的講，但要讓對方了解，你不是無的放矢，不是聽信謠言，而是有所根據，言之成理。讓他感動你的迴護，接受你的善意，才能達到勸告的目的。

第三、發必當理不可妄言：既然有心相勸，必須有充分的、正當的理由來折服對方，萬不可為達目的，而虛言妄語。能夠態度誠懇，所言於理有據，必定能打動對方，而收勸告之效。

萬一對方還不聽從規勸，那就暫時不要再勸了，等待因緣，再給予勸勉，以免反目成仇。

第四、切忌諷刺遭人心病：要收勸告之效，最好的方法是站在對方的立場，婉言相勸，讓他感受到你的誠意，及對他的關懷和愛護。

若是以譏諷的態度，講刻薄的話，可能引起更大的不滿。因此，「語言切勿刺人骨髓，戲謔切勿中人心病」，勸諫切忌諷刺、刻薄。

以上四點「勸告的藝術」，給大家參考：

- 第一、辭達則止不貴多言。
- 第二、持之有據言之成理。
- 第三、發必當理不可妄言。
- 第四、切忌諷刺遭人心病。

施金輝繪

明白的重要

世間上最可怕的愚癡是不明白。明白就是理路清晰，明白就是腦筋清楚，明白就是通曉事理，明白就是清淨解脫。俗話說「秀才遇到兵，有理講不清」，即是指碰到不明事理的人。人要明白事理，才有進步的空間，才有開悟的契機。明白很重要：

第一、明白學問可以廣博：做學問的人，一旦拘泥自己的思想，固守自己的見解，就會陷入故步自封的泥淖，而前進不得。做學問，除了腦筋清楚，思路靈活，也不能自滿、自以為是。要明白學海無涯，學問無窮無盡；為學要如金字塔，要能廣大要能高。明白這些道理，不以已知為滿足，學問自然可以廣博。

第二、明白人情可以通達：很多人慨嘆「做人難，難做人」。是的，世間上最麻煩的就是人。不過，如果能以誠信待人，厚道處事，也能有很好的人際關係。所謂「人情練達即文章」，能明白「處難處之人宜愈厚」的道理，再識得人情義理及相處藝術，即可通達人情。

第三、明白離欲可以輕安：財、色、名、食、睡這五欲，是讓人不自由的因素。為了貪金銀財寶，求世間聲名，戀悅情適意，不知用盡多少心機；為了耽著美食眾味，樂著睡眠，不知耗費多少時間精力。未得時，處心積慮想得到；得到時，又擔心失去而惶恐不安。如《大智度論》說：「諸欲求時苦，得之多怖畏，失時懷熱惱，一切無樂時。」一輩子就在患得患失中度過。如果我們能明白五欲的過患，看淡五欲，就能得到輕安。

第四、明白心地可以解脫：佛初成道時，歎道：「奇哉！我今普見一切眾生，具有如來智慧德相，但以妄想執著而不證得。」每一個人都具有與佛心無二無別的自性清淨心，只是凡夫的清淨心給名枷利鎖束縛了，在煩惱是非中團團轉，一刻也不得自在、清淨。如果能明白我們本具清淨心，願意放下世間的五欲六塵，掙脫名韁利索，就能解脫了。

做個明白的人很重要，能夠明白學問、明白人情，必能成就世間事業；能夠明白離欲、明白心地，必能成就出世間解脫之道。希望大家都是明白人。

第一、明白學問可以廣博。

第二、明白人情可以通達。

第三、明白離欲可以輕安。

第四、明白心地可以解脫。

為人師表

韓愈云：「師者，所以傳道、授業、解惑也。」而一個人獲得師長良好的教育，就能發揮一己之長，對國家社會大眾有用。不同的階段，學生經過老師的教導，才能具備常識、擁有技能、培養道德、啟發思想，老師對學生的影響，可說是廣大又深遠。那麼，如何做一個老師呢？

第一、傳道：父母養我色身，師長育我法身。身為老師，其教導的內容要合乎道德、合乎倫理、合乎人間正義、合乎做人道理。好比傳統美德：忠孝仁愛信義和平、禮義廉恥等。但是，現在有一些老師，有時師不像師，士不像士，教導不正的思想、不正的知識，甚至自己的行為也不合乎道德，讓老師清高、尊嚴的形象，受到損害，那實在不可名為老師了。

第二、授業：古代的老師，除了傳授學業外，也要教授「禮樂射御書數」六藝，培養學生才能。現代老師也是如此，除了各種教學外，也要給予學生一些技術課程。尤其身為現代人，一生至少要有三張執照，例如：駕駛、烹飪、水電、美容、會計、打字、醫療、護理……等等，以備在人生道路上，無論是職場、人際關係、學習力上，發揮更大的能量，具有良好的表現。

第三、解惑：在學習過程中，學生必定有許多疑惑，除了專業知識上給予指導外，在內心上，必定有更多的不解。比方做人不會做，做事不通達，講話不流暢，情緒管理不佳、人際關係不和諧，遇到挫折困難，如何面對、判斷、克服、解決，林林總總，會有許多的不明白。做老師的，要給予學生引導，為其釋疑。

第四、示範：所謂「身教重於言教」，我要學生能有道德、有事業、知進退、不迷惑，讓他做人處世，都具備一個人基本的條件。那麼，我做一個老師，更不能隨意妄行，更要重視身教。我傳授學生道業，自己也要奉行；我傳授學生知識，自己也要日日進步；我為學生解惑，自己也要正知正見，

施金輝繪

培養智慧。如此，我才能做老師。因此身為老師，是很不容易的，只有以身作則，樹立形象模範，潛移默化中，才能讓學生自然效尤。

教育可使平庸者優秀，使資優者卓越。所謂「知識就是力量」，若心術不正，縱然學富五車，也是枉然。

歸納以上四點，為人師表要：順法調御，以愛教導；誨其未聞，增廣見識；隨其所聞，令解善義；示其善友，樂於交遊；盡己所知，教授不捨。

第一、傳道。

第二、授業。

第三、解惑。

第四、示範。

耕種田地

世間的田地有兩種，一種是種植五穀雜糧的土地；一種是佛教所說的恩田、敬田和悲田，用來廣植福德。有形的田地，是農人據以為生的根本，靠辛勤、力氣和汗水來耕種、收穫。無形田地，則是人人均可以用孝順、恭敬、慈悲、布施喜捨來耕種，獲得的福德不可思議。在此提出耕種福田的四種方法：

第一、父母田中常思反哺：父母的恩德像天地般廣大，佛經說：「若人百年之中，右肩擔父，左肩擔母，於上大小便利，極世珍奇衣食供養，猶不能報須臾之恩。」要孝順父母才能像個兒女。你看，烏鴉尚且反哺，羔羊尚且跪乳，對於生養我們的父母，更應當盡反哺之心。就是學道修行，也要報答父母的恩情，尤其佛陀也是為我們立了「為父擔棺」的榜樣。因此，在父母田中，為人子女者，要常思反哺。

第二、師長田中常行恭敬：我們從蒙昧無知到識字明理，無不得之老師的盡心教導，因此，老師也是我們

高飛繪

的福田。在老師的田裡要播種什麼？古德說「欲得佛法利益，須向恭敬中求。」不僅求佛法當抱持敬心，對於老師，也要恭敬十分，感念老師的辛苦教導，你對老師有恭敬心，學到的東西必定很多，在恭敬中也才能累積福德。

第三、病患田中常作救護：在病患身心受苦之際，我們看護他，使他肉體的病痛減輕；慰問他、鼓勵他，讓他心寬意解，遠離怖畏，得到心靈的平安，這種無畏施，實是無上功德。《梵網經》說：「八福田中，看病福田，是第一福田。」所以要盡心看護有病的人，病者是我們的大福田。

第四、三寶田中常植布施：佛法僧三寶為人間作明燈，引導眾生脫離憂悲愁苦的生死輪迴，對眾生有莫大的恩德，是最大的福田。俗語說：

「三寶門中福好修，一文施捨萬文收」，供養三寶，功不唐捐。因為三寶具有無上功德，能成就眾生，使生一切功德；《無量義經》說：「布善種子，遍功德田，普令一切發菩提萌。」《三藏法數》也云，若能恭敬供養佛、法、僧三寶，非但成就無量功德，亦能獲其福報，故稱功德福田。因此，三寶田中應常植布施。

勤於耕種農田，收穫的是有限的財物；勤於耕種無形的福田，獲得的是不可限量的福德，希望大家都能勤於耕種。

- 第一、父母田中常思反哺。
- 第二、師長田中常行恭敬。
- 第三、病患田中常作救護。
- 第四、三寶田中常植布施。

輔導要點

國父說：「教養有道，則天無妄生之才。」一個好的教育者，能開發學子的心智，啟發蒙蔽者的潛能。因此身為一個教育者，其思想與作法，應是民主、平等與大眾化。對於施教的對象，也要不分貧富貴賤、不擇智愚利鈍，一律平等給予教化。

教育輔導的方法有許多種，提供下列四點技巧：

第一、規矩要嚴，執行要寬：不以規矩，不能成方圓，凡事要有規矩和準繩，但是如果事事以硬性規定，反而失去人性裡自動自發的可貴性，所謂「規矩行盡，禮貌必衰」。因此在落實層面上，要嚴之有理、嚴之有愛、嚴之有度，嚴要嚴得適度，寬要寬得恰當，要寬嚴相濟，規矩才具有依循的可行性。

第二、觀機逗教，應病予藥：輔導的方法，不是每個人都一樣的，有的人用鼓勵，有的人用教訓，甚至要用責打的方式，他才會畏懼而肯上進，當然也有人不用囉嗦，就會自動自發去做。佛陀廣設八萬四千個法門，為的就

是應不同眾生的根機，而施設的「權巧方便」的教育法。

第三、譬喻說法，舉例說明：最好的教育方式，莫過於以一個簡單的譬喻，或者舉個例子，講個有趣的小故事，來讓對方心神領會。佛陀說法四十九年，每每以寓言故事引導眾生心開意解，如由包裹檀香的紙張及綁魚的繩子，告訴弟子「近朱者赤，近墨者黑」的道理；「盲龜浮木」，說明人身難得；「向風擲土」，說明惡意傷人者，果報還自受等等。

第四、慈的攝受，力的折服：老師在輔導學生，或父母輔導兒女時，有時一味的慈愛，對方可能不怕你，只是力的折服，或許他也會抗議，不願合作，因此最好採取嚴慈並用的方法。《禪林寶訓》裡寫道：「姁之嫗之，春夏所以生育也；霜之雪之，秋冬所以成熟也。」春風夏雨，可以使萬物生育，秋霜冬雪，也可以助長萬物的成熟，我們在輔導有情生命時，怎能不剛柔、嚴慈交相運用呢？

所謂「天下無不可教之人」，像愛因斯坦、牛頓、貝多芬等，都是因為父母師長不放棄，而有所成就。教育是看學子的根機而教，就如照顧不同季節、不同品種的花草樹木，如果都是用同一種方法來培育，必定失敗多於成功。

輔導的方法有下列四點：

第一、規矩要嚴，執行要寬。

第二、觀機逗教，應病予藥。

第三、譬喻說法，舉例說明。

第四、愛的攝受，力的折服。

新春說狗

所謂「狗來富」、「狗來福」，狗來了，代表富貴、福氣就來了，因此，狗一直是為人們歡喜的動物。新春伊始，適逢狗年，以下也來說一說狗的性格：

第一、忠誠：狗，是人類忠誠的朋友。在農村，經常可以看到狗為人們看門、守夜、協助牧羊等，一刻都不肯離開。有一隻叫雪來的狗，每天到主人下班時，就會準時到車站接主人回家，大家嘖嘖稱奇，把這隻狗叫做「標準鐘」。佛光山開山時，有過一隻叫來發的狗，巡視工程時，牠在前開路；上課時，牠靜坐一旁，全神貫注聆講，偶爾對牠不理不睬，卻依然寸步不離。牠們的忠心、忠誠，實在令人感動。

第二、英勇：法國巴黎有一座狗的紀念碑，紀念一條名叫「芭麗」的狼狗。那是因為有一年冬天，巴黎北部山峰受到暴風雪襲擊，山麓南部發生雪崩，四十一名旅客被雪掩埋。芭麗前往扒雪營救，共救出四十人，救到最

高永隆繪

後一人時，竟然被人誤認為是狼而被打死。像這樣英勇救人的狗，不知凡幾，我們經常在報章雜誌上都可以看到。

第三、體貼：狗的性格體貼友好、善解人意，體恤主人，細心照護。像電影「可魯」導盲犬、電視劇「靈犬萊西」、卡通「一〇一忠狗」裡，我們都可以看到狗的體貼、忠烈、勇敢與聰明，真是讓人類的我們自嘆弗如。而現代醫療裡，也會以狗的體貼性格，來幫助需要幫助的病人，恢復自信、恢復健康。

第四、靈敏：狗的嗅覺靈敏，能嗅出一百多萬種物質的氣味，所以狗又有「靠鼻子生活的動物」之稱。像軍犬能夠追查敵人走過的足跡，甚至幾小時以後，都還可以嗅得出來；警犬能依案發現場的味道，找出到過案發現場的人，乃至充當海關和機場的「檢查員」，查出旅客是否夾帶毒品、違禁品等。在愛沙尼亞，曾有隻狗擔任全長五千七百多公尺街道的煤氣查漏「檢查員」，還被列入職工名冊，按月領取薪金。狗的靈敏，真是不可輕視。

從上看來，狗真是人類最好的朋友，而我們人如何來對待這位忠心的好友呢？除了當作寵物狗之外，眾生生命平等無差，從上述狗的性格裡，實在可以看到。以上四點，真是值得學習啊！

- 第一、忠誠。
- 第二、英勇。
- 第三、體貼。
- 第四、靈敏。

新年新展望

枝頭冒出新芽，令人歡喜；春天下了新雨，令人雀躍；新生代讓人看到未來，新措施叫人充滿期待。許多人對新的一年來臨，會自我期許、自我勉勵，希望有一些新的計畫、新的突破。新年有什麼新展望呢？以下四點提供：

第一、要有新觀念：天下文化的高希均教授曾提倡「觀念播種」，我們也要自問，在新的一年開始，是否播種了新觀念。比方，凡事是否多一分體恤，為別人著想？自己的陋習是否察覺，願意改進？是否能與人融洽相處，尊重包容？是否心甘情願為人服務，不求回報？建立了新觀念，腳踏實地，默默耕耘，最大的收穫者，不會是別人，而是自己。

第二、要有新開始：「一元復始，萬象更新」，新的開始，不是要求別人，而是從要求自己做起。比如，新開始，我要讚美別人、成就別人；新開始，我要面帶微笑、用心待人；新開始，我願意重新來過自我改變；新開始，我要從生活中一點一滴拓展自己。只要願意有個新開始，一切都不會太遲。

第三、要有新作風：各人有各人的作風，各人有各人的形象，新春開始，我們自己要展現什麼樣的新作風呢？有人以為在行事上才要有新作風，其實，做人修養上的新作風更重要。比方，我要樹立和平的形象，不暴躁；我要展現親切的面貌，能誠信；我要主動和人講話，不冷漠；我要主動勤勞做事，不懶惰。你有了正向的新作風，還怕不受人肯定嗎？

第四、要有新發心：新的一年，要開發自己的心田，開墾自己的心地，發掘自己內心的財富。過去未發之心，現在要發起，已發之心，更要不斷更新增上。開發心中慈悲、感恩、道德、信心、慚愧，生命就會有源源不斷的能源與力量。

一件事的成功與否，在新的開始就要計畫。時值新的一年開始，期勉每個人立下目標，充實自己，期許自己重新出發。就讓我們從以上這四點重新開始吧！

第一、要有新觀念。

第二、要有新開始。

第三、要有新作風。

第四、要有新發心。

剎那與永恆

剎那，在佛教裡，是表示時間最小的單位。經典說：「少壯一彈指，有六十剎那」，就可以知道那是極短的時間。永恆，則是指恆久、無限的時間。「剎那」與「永恆」，看似相對待，其實，剎那裡面有永恆，永恆是無可計數的剎那堆積而成。時間不是實體，無可衡量。好比有人慨嘆人生苦短，如石火電光，稍縱即逝；也有人覺得人生難過，度日如年。時間的長與短，剎那與永恆，該如何看待呢？

第一、剎那的善心，是永恆的福報：剎那指的是瞬間、念頃，亦即一個心念起動之間。一念善心生起，可以有永恆的福報，問題是，在生的那個一剎那，是不是真的善心？有云：「一念瞋心起，百萬障門開」，唐朝懷信禪師在《釋門自鏡錄》也說：「但起一念善心，惡律儀即斷。」心中的一念，是善是惡，都決定了自己煩惱或菩提，是在地獄、或在天堂。剎那的善心，是不貪求、不望報，是無私的慈悲、愛心、善良，可以成就永恆的福報。

第二、剎那的淨心，是永恆的功德：六祖惠能大師說：「菩提本無樹，明鏡亦非台，本來無一物，何處惹塵埃？」經典亦云：「一念清淨心，能除八萬四千煩惱。」一念無住，沒有雜心妄想，不動色聲香味觸法，這一剎那的清淨，無染、無我、無執、無私，沒有客塵煩惱，那就是永恆的自性功德。

第三、剎那的覺心，是永恆的開悟：佛教的禪師，參話頭、提疑情，參究許久，迷惑久懸，剎那間，宇宙乾坤，朗然於心，就是永恆的開悟。

像過去會通禪師當侍者十六年，看到鳥窠禪師吹了布毛，豁然開朗；智閑禪師禁足潛修，聽到瓦礫擊中竹子的聲響，廓然省悟。在一剎那間，忽然「我懂了」、「我覺悟了」、「我明白了」，那一個電光石火，你心開意解，就是開悟了。

高永隆繪

第四、剎那的定心，是永恆的涅槃：剎那的定心，沒有時間了，沒有早晚，沒有古今，把時空都聚集到禪定裡，沒有染污、沒有是非，本體和現象，都融合在一起，那就是永恆的涅槃，生死一如。

微生蟲朝生暮死，寒蟬春生夏亡；彭祖八百歲卒，天人壽歲至千、至萬，無論生命長短，都是一生。坐客天地之間，生命本來就是死生輪轉的，若不能覺悟此中道理，就算是人生億萬年，也是虛擲生命。說到剎那與永恆，有以上這四點參考。

- 第一、剎那的善心，是永恆的福報。
- 第二、剎那的淨心，是永恆的功德。
- 第三、剎那的覺心，是永恆的開悟。
- 第四、剎那的定心，是永恆的涅槃。

本土化

本土化不是狹隘的地域觀念，更不是族群的對立，而是放眼國際，展望未來。現代社會由於交通發達，地區與地區之間往來密切，旅遊、參訪，甚至移民風氣普遍頻繁。到了一個新地方，想要融入當地生活環境，學習當地的語言、接受當地風俗習慣，就成為必要的條件。關於「本土化」有四點意見：

第一、語言本土化：世界各國，乃至不同的地區，都有屬於自己的語言，為了盡速融入該區的生活環境，語言是重要的溝通工具。比方到了美國，就使用美語；到了巴西，就講葡語等。又好比最早將佛教傳入中國的印度僧人迦葉摩騰、竺法蘭，進入中原，不但講中國話，也翻譯經典，才有《四十二章經》的流傳。因此，語言要本土化，才能獲得當地的認同。

第二、風俗本土化：每一個地方的風俗民情不一樣，到了一個新環境，可以帶入自己國家的習俗，但更重要的是先接受當地的風土民情。倘若一味要求別人接受自己的文化風俗，只會顯得自己與環境格格不入。因此，在不同的地方，有不同的節慶活動或紀念日，應當隨喜參與，融入大眾中。西諺說：「身在羅馬，行羅馬人之行。」入境隨俗，尊重包容，才能同體共生。

第三、習慣本土化：每個國家的禮節、習慣不一樣，舉凡生活、飲食、工作、招呼方式上，都有所差異。好比北方人性喜麵食，南方人則習慣米飯；西方國家以擁抱、親吻為招呼方式，東方國家則握手寒暄表達熱忱；西方人使用刀叉，東方人則用筷子；典型西方男士穿著西裝領帶，古時中國男子則為長袍馬褂。因此，習慣要依循當地本土化，才能與人相融和。

第四、教育本土化：來到一個新的地方，不能不了解它的歷史文化；要能深入了解不同環境的文化背景，則必須尊重當地的教育。好比佛教從印度傳入中國，融匯儒家的「仁愛」和道家的「清淨無為」思想，而發展出特有的中國佛教來。

每一個人能認知「本土化」的真義，將眼光放遠，才能擴大自我的成長，促進族群的和諧，進而展現一個多元文化社會的豐富內涵。「本土化」有四點：

第一、語言本土化。

第二、風俗本土化。

第三、習慣本土化。

第四、教育本土化。

處眾

俗話說：「獨梁難撐大屋」、「獨木不成林」，凡是單獨的、單一的，力量單薄，很難有所發揮，必須集合起來、團結一起，力量才會大。而要發揮力量，必須先學習如何在大眾中與人團結、與人和諧，處眾之道就很重要了。有以下四點意見：

第一、看人要有平等心：古代社會中男尊女卑，現代社會裡提倡兩性平等；過去尊崇老闆為大，現在講究顧客至上。時代在改變，居上位者，不再是權勢驕貴，居下位者，也能擁有尊嚴。佛陀在二千五百年前，即提出佛性平等，倡導生佛平等，身為僧團的導師，從不以先覺自居，甚至以身作則，為有病比丘洗滌衣履，給失明弟子穿針縫衣，處處樹立和樂、平實、平等的風範，給我們學習、效法。

第二、待人要有慈悲心：一般人心裡只有自己，想到的都是自我的利益，對我有利就接受，對我不利就排除。這種完全以自我為中心的人，很難與大眾融和相處。想要讓別人認同，心中要常懷慈悲，替人著想，視別人是自己生命的一部分，別人也會把你當作自己人。

第三、教人要有尊重心：人人希望活得有尊嚴，希望獲得別人的重視，自己卻往往忘記要尊重別人。好比有人在教人時，他的立意雖好，態度卻趾高氣昂，如何讓人接受呢？有則趣譚，眼睛、耳朵、鼻子、嘴巴各有其用，都不服氣無用的眉毛長在最上面，眉毛為了平息紛諍，願意往下移，移來移去，怎麼看都不順眼，只有再讓它回到最上面，才像個人。每個人都有其尊嚴，發揮的作用，能尊重他、愛護他，教人也才有功德。

第四、利人要有喜捨心：做人最可貴的是能利人，譬如參加社會公益活動，服務人群，甚至響應環保，參與賑災，擔任義工等等。利益別人時，要有喜捨的精神，不求回報、不求感謝，心才不會執著、患得患失，才能真正發揮生命的價值，為人間帶來溫暖，為社會帶來光明。

菩薩實踐布施、愛語、利行、同事四攝法，所以能攝受眾生，而我們要處眾和諧，以上這四點，是立身行己的好方法。

第一、看人要有平等心。

第二、待人要有慈悲心。

第三、教人要有尊重心。

第四、利人要有喜捨心。

如何融和

「融和」是一種包容的雅量，一種平等的對待，一種尊重的態度。當今國際間，漫布著對立與分化的氛圍，最需要的是融和的器度。所謂「百川匯歸大海，共一鹹味」，「各族入佛，同為佛子」，佛教講心包太虛、量周沙界，無不關懷一切眾生。我們如何發揚融和的精神，增進和平？有以下六點：

第一、傳統現代的融和：現代社會中，有人倡導科技文明，有人尊崇原始自然，有人歡喜新詩文學，有人愛好文言古籍。傳統，是古聖先賢的智慧經驗結晶，隨著時代慢慢發展，有時不能不順應時代的潮流。因此，傳統不是完全對或不對，現代也不全然是好或不好，最好能將前人智慧經驗的傳統，配合現代潮流的發展，彼此融和，才能永遠為世人所需要。

第二、東西文化的融和：有的人醉心東方文化，有的人追求西方文化，其實，我們說，以東方的文化為體，西方的文化為用，東西方的文化可以相互融和。尤其國際間各種族、民情風俗各有所長，文化的融和，可以讓社會朝向更多元化的發展，豐富人文內涵，促進人類的和諧。

第三、自他群我的融和：團結，並不是我大，你要來跟我團結。團結，是平等的；融和，是自他關係一致的。佛陀主張「眾生平等」，即是「自他融和」，不僅佛教要融和，不同宗教、族群、國家、社會，都要摒除愛恨的分歧、怨親的疏離，發揮「同體共生」的精神，彼此才能和諧往來。

第四、事相義理的融和：「理事圓融泯自他，白雲飛去了無遮」，意謂世間萬物，都具有理和事兩個層面。有的人只重視「事」，顯得太過現實，有的人光說「理」，又讓人覺得太過抽象，無法心領神會。因此，事與理要融和，能以事顯理，以理彰事，理事無礙，甚至事事無礙，也就能圓融自在了。

第五、僧信四眾的融和：現在佛教，有以出家眾為主的僧團，有以在家眾為主的教團，僧信之間，如車之兩輪、鳥之雙翼，彼此要水乳交融，溝通協調，互助尊重，你我團結，把力量凝聚了，才能一同弘揚佛法，共同為眾生福祉而努力。

第六、顯密八宗的融和：佛教教主只有一個，就是釋迦牟尼佛，佛教的三法印、四聖諦、八正道、緣起等教義是一致的，因此，不必爭執你錯我對，不要分別宗派大小，應該主張禪淨融和、顯密融和、南北傳融和，共同恪遵佛陀的慈心悲願，給予眾生得度的因緣。

世間是多彩多姿的，要能欣賞、融和，才能萬花齊放、百鳥爭鳴，眾生也才能在佛法的教化中，蒙受利益，安頓身心。「如何融和」？有以上六點。

第一、傳統現代的融和。

第二、東西文化的融和。

第三、自他群我的融和。

第四、事相義理的融和。

第五、僧信四眾的融和。

第六、顯密八宗的融和。

追求顛峰要有精進力，參加比賽要有競爭力；面對失敗要有忍辱力，脫穎而出要有智慧力。

用平常心生活，用慚愧心待人，用無住心接物，用菩提心修道。

一日之行要記錄，一日之事要反思；一日起居要正常，一日說話要歡喜。

幼年時候要扎根自己，青年時候要創造自己；壯年時候要肯定自己，老年時候要完成自己。

國家圖書館出版品預行編目資料

挺胸的意味：利人/星雲大師著—初版—台北市：香海文化，
2007．09　面；　公分(人間佛教叢書)(星雲法語：9)
ISBN 978-986-7384-78-2(精裝)
1.佛教說法
225.4　96015523

人間佛教叢書
星雲法語 ❾

挺胸的意味—利他

作　　者／星雲大師
發 行 人／慈容法師（吳素真）
主　　編／蔡孟樺
圖片提供／施金輝、高永隆
法語印章／陳俊光
資料提供／佛光山法堂書記室
編輯企劃／陳鴻麒(特約)、香海文化編輯部
責任編輯／高雲換
助理編輯／鄒芃葦
封面設計／釋妙謙
版型設計／蔣梅馨
內頁排版／辰皓國際出版製作股份有限公司
校　　對／李育麗、洪秀霞

出版．發行／香海文化事業有限公司
地址／110台北市信義區松隆路327號9樓
電話／(02)2748-3302
傳真／(02)2760-5594
郵撥帳號／19110467　香海文化事業有限公司
http://www.gandha.com.tw　www.gandha-music.com
e-mail:gandha@ms34.hinet.net

總經銷／時報文化出版企業股份有限公司
地址／235 台北縣中和市連城路134巷16號
電話／(02)2306-6842
法律顧問／舒建中、毛英富
登記證／局版北市業字第1107號
ISBN／978-986-7384-78-2
十冊套書／定價3000元　單本定價／300元
2007年9月初版一刷　2009年1月初版二刷　2013年5月初版三刷

香海文化